Rathjen · Wetterleuchten

Friedhelm Rathjen

Wetterleuchten

Zu Arno Schmidts Rezeption deutschsprachiger Literatur der ersten Hälfte des 20. Jahrhunderts

EDITION ReJOYCE

2022

rejoyce pocket
rjp 12

Bibliografische Information der Deutschen Bibliothek:

Die Deutsche Bibliothek verzeichnet diese Publikation in der Deutschen Nationalbibliografie; detaillierte bibliografische Daten sind im Internet über <www.dnb.de> abrufbar.

EDITION ReJOYCE Südwesthörn 2022
rejoyce@gmx.de
Satz, Titelfoto und Umschlaggestaltung: Friedhelm Rathjen Herstellung: Books on Demand GmbH, Norderstedt
ISBN: 978-3-947261-34-5

Inhalt

Schmidts aktuellste Literaturschätze vor und nach 1945

Auf Distanz zur Zeitgenossenschaft[1]

Wenn Arno Schmidt seinen Erzähler in *Brand's Haide* alles Zeitgenössische in Bausch und Bogen verdammen läßt – „was Euch rasend interessiert: Swing, Film, Hemingway, Politik: stinkt mich an"[2] –, wenn er anschließend den Erzähler von „Schwarze Spiegel" noch einmal nachlegen und die Hemingway-Schelte auf „Wolfe und Faulkner"[3] ausdehnen läßt, dann bietet die Frage, wen oder was er mit den Attacken eigentlich aufs Korn nimmt, durchaus Raum für Spekulationen. Wozu genau geht Schmidt auf Distanz? Er distanziert sich von Hemingway, sicher, doch was interessiert ihn Hemingway überhaupt? Wenn Wolfe und Faulkner hinzukommen, heißt das, Schmidt distanziert sich von der amerikanischen Literatur jener Jahre schlechthin, aber auch das erklärt noch nicht unbedingt, warum die Attacke nötig ist. Interessanter und erklärlicher wird die Sache erst, wenn wir berücksichtigen, daß die genannten Amerikaner sämtlich Rowohlt-Autoren sind. In der Tat schmäht Schmidt, wie ich an anderer Stelle ausführlicher dargelegt habe[4], in sämtlichen Manuskripten,

---

1 Eine kürzere, thematisch enger gefaßte Vorversion dieses Beitrags erschien unter dem Titel „Ballonfahrt zum Leuchtturm. Schmidts aktuellster Literaturschatz 1945" in Friedhelm Rathjen, *Immerfort mitlebend. Arno Schmidt und die deutsche Literatur des 20 Jahrhunderts* (Südwesthörn: Edition ReJoyce 2011), S. 71-79.

2 Arno Schmidt, *Brand's Haide*, in Bargfelder Ausgabe, Bd. I/1 (Zürich: Haffmans 1987), S. 115-198, hier S. 165.

3 Arno Schmidt, „Schwarze Spiegel", ebd., S. 199-260, hier S. 251.

4 Vgl. Friedhelm Rathjen, „Feiste Schurken. Arno Schmidt als Rowohlt-Leser 1947-55", in ders., *Der Bücherfresser. Arno Schmidt als Wiederverwerter* (Scheeßel: Edition ReJoyce 2009), S. 39-57, hier S. 42-46.

die er ab 1949 bei Rowohlt einreicht, erfolgreiche Rowohlt-Autoren: im *Wundertüten*-Brief „Herrn Dr. Walter Ziesemer“ stichelt er angesichts des verlegerischen Desinteresses an Fouqué gegen „Hjalmar Schachts Erinnerungen, Leo Slezak: dafür gibt's Papier genug!“[5]; im „Massenbach“ wiederum gegen den „politischen Invertebraten [...] Hjalmar“[6]; ebenso nochmals in *Brand's Haide*[7], wo außerdem neben Hemingway auch Hamsuns *Mysterien* („das nenne ich überentwickelt, oder einfacher gesprochen: zu viel planloses Gequätsch. Idji!“[8]) und „Sartres Gelumpe“[9] abgekanzelt werden; in „Schwarze Spiegel“ wie erwähnt gegen Rowohlts amerikanisches Spitzentrio Hemingway / Wolfe / Faulkner; in *Aus dem Leben eines Fauns* ausnahmsweise gegen einen älteren Autor, nämlich „Balzac, Balzac: kein Dichter; kein Verhältnis zur Natur“[10].

Da sich in den Nachkriegsjahren Rowohlt als *der* Verlag der deutschen und vor allem der internationalen Gegenwartsliteratur zu etablieren sucht, kann man es notfalls ebenfalls als Stichelei gegen den Verlag werten, wenn Schmidt in einer Ende 1950 zur Verwendung in der Rowohlt-Pressearbeit geschriebenen biographischen Skizze formuliert: „»seit Storm und Stifter gibt es keine Literatur mehr«, hört man ihn [Schmidt] heute oft und

---

[5] Arno Schmidt, „Herrn Dr. Walter Ziesemer“, in Bargfelder Ausgabe, Bd. III/3 (Zürich: Haffmans 1995), S. 72-87, hier S. 82. – „Leo Slezak“ ist eine nachträgliche Textänderung; zunächst schrieb Schmidt: „Sartre, Thomas Mann“ (Mitteilung im Varianten-Apparat ebd., S. 509).

[6] Arno Schmidt, „Massenbach. Historische Revue“, in Bargfelder Ausgabe, Bd. II/1 (Zürich: Haffmans 1990), S. 7-104, hier S. 14.

[7] Schmidt, *Brand's Haide*, a.a.O., S. 139: „da hingen sie samt unsern politischen Invertebraten, Franz neben Hjalmar“.

[8] Ebd., S. 177.

[9] Ebd., S. 163.

[10] Arno Schmidt, *Aus dem Leben eines Fauns*, in Bargfelder Ausgabe I/1, a.a.O., S. 299-390, hier S. 375.

hart sagen."[11] Die eventuelle Stichelei gegen seinen Verlag ist aber hier wohl allenfalls ein Teilaspekt. Schmidt distanziert sich in dem Moment, in dem er sich mit vier Zeitgenossen seinen ersten Literaturpreis teilen muß, von der zeitgenössischen Literatur insgesamt, und er kleidet diese Distanzierung in ein Diktum, das er zehn Jahre zuvor – in privatem Zusammenhang und unter gänzlich anderen persönlichen und gesellschaftlichen Lebensbedingungen – schon einmal formuliert hat.

Ende Mai 1940 nämlich schreibt Arno Schmidt an seinen Freund Heinz Jerofsky: „Ich bin seit einigen Jahren so weit, dass die deutsche Literatur für mich mit Stifter und Storm aufhört –"[12]. Das ist zumindest dann eine etwas überraschende Auskunft, wenn wir an Schmidts frühe Begeisterung für den Expressionismus, für Alfred Döblin und für Hermann Hesse denken, aber offensichtlich ist diese Begeisterung bei Schmidt in der zweiten Hälfte der 1930er Jahre erheblich abgeflaut. In der Tat ist es schwer, überhaupt einen deutschen (oder gar ausländischen) zeitgenössischen Autor zu finden, mit dem sich Schmidt zwischen 1935 und 1945 beschäftigt hätte; die abkanzelnden Urteile in den nach 1945 entstandenen Texten könnten insofern auch verstanden werden als gezielte Distanzierung von der Literatur der Gegenwart zur bewußten oder instinktiven Verschleierung der Tatsache, daß Schmidt schon lange nicht mehr auf dem Laufenden war, was die literarische Entwicklung seiner Zeit betraf.

---

11 Arno Schmidt, „Biographische Skizze", in ders., *Fragmente. Prosa, Dialoge, Essays, Autobiografisches*, Bargfelder Ausgabe, Supplemente, Bd. 1 (Frankfurt a.M.: Suhrkamp 2003), S. 329 f., hier S. 329.

12 Arno Schmidt, „Briefe an Heinz Jerofsky", in Jan Philipp Reemtsma / Bernd Rauschenbach (Hg.), *„Wu Hi?" Arno Schmidt in Görlitz Lauban Greiffenberg* (Zürich: Haffmans 1986), S. 53-89, hier S. 87.

*

Im Verzeichnis der Nachlaßbibliothek Arno Schmidts ist Literatur der 1920er, 1930er und frühen 1940er Jahre relativ spärlich vertreten. Wenn wir zudem all das vernachlässigen, was Schmidt erst nach 1945 angeschafft hat, so bleiben nur sechs Bücher übrig: Thea von Harbous Unterhaltungsroman *Frau im Mond* (1928), von Schmidt laut Vorsatzeintrag angeschafft im Oktober 1928, also noch in Hamburg[13]; Wilhelm Schmidtbonns *Der Verzauberte. Seltsame Geschichte eines Pelzhändlers* (1926), Schmidt laut Vorsatzeintrag „seit 1931 bekannt“[14], also seit der Görlitzer Schulzeit; der Roman *Die Verdammten* (1923) von Frank Thieß, laut Vorsatzeintrag „zuerst gelesen Sommer 1931 in Lauban“[15]; Hesses *Steppenwolf* (1927), in Schmidts Nachlaßbibliothek in einer Ausgabe von 1931 vorhanden, die allerdings auch später angeschafft worden sein könnte[16]; Döblins Roman *Die drei Sprünge des Wang-lun* (1915) als Ausgabe von 1923, die laut Vorsatzeintrag „noch aus Lauban“ stammt[17]; Döblins Kurzfassung von *Berge, Meere und Giganten* unter dem Titel *Giganten. Ein Abenteuerbuch* (1932), laut Vorsatzeintrag „schon in Lauban=Görlitz, 1932 – im Zuge gelesen“[18]. Zu ergänzen wäre diese kurze Liste durch einige Bücher, die nicht in Schmidts Nachlaßbibliothek stehen, deren Lektüre aber aus Hinweisen anderswo zu folgern

---

[13] Dieter Gätjens, *Die Bibliothek Arno Schmidts. Ein kommentiertes Verzeichnis seiner Bücher*, neue Ausgabe, durchgesehen und erweitert von Günter Jürgensmeier (Bargfeld: Arno Schmidt Stiftung 2003 / <www.arno-schmidt-stiftung.de/Archiv/Bibliotheksverzeichnis.html>), Nr. 378.

[14] Ebd., Nr. 443.16.

[15] Ebd., Nr. 455.

[16] Ebd., Nr. 388.2.

[17] Ebd., Nr. 354.5.

[18] Ebd., Nr. 345.7.

Jörg Greck

32 ½ Wurzeln des gemeinen Alltagswahnsinns

KLEINES SCHWARZBUCH
DES FUROR COTIDIANUS

VERLAG 28 EICHEN
BARNSTORF

Für meine geliebte Ingemaus.

Die Deutsche Bibliothek verzeichnet diese Publikation
in der Deutschen Nationalbibliographie.
Detaillierte bibliographische Daten sind im Internet über
http://dnb.ddb.de abrufbar.

ISBN 978-3-96027-098-0

Cover unter Verwendung einer Zeichnung
„Friseurmeister Krüll zu Bremen“ aus „Fipps der Affe“ (1879)
von Wilhelm Busch

INHALT

Vor- und nachberufliche Tätigkeiten

Freizeitgestaltung

Mediennutzung

Politik und Kirche

Zweifelsfall

WARUM NOCH EIN BUCH ZU DIESEM THEMA?

In meinem als Lexikon angelegten und irrtümlich[1] mit „Rein rechtlich ist das alles kein Problem“[2] betitelten Buch habe ich 200[3] seltsame Alltagsphänomene aus den verschiedensten gesellschaftlichen Bereichen aufgelistet und kritisch bewertet, weil sie im Widerspruch zu meinen – zugegeben: nicht unbedingt immer mehrheitsfähigen – Wertvorstellungen stehen. Ich fühlte mich zu dieser Offensive gegen allzu merkwürdige Auswüchse des Zeitgeistes deshalb veranlasst, weil die skurrilen, ärgerlichen und teils auch als schlicht erbärmlich einzustufenden Geschehnisse eine verstörende Wirkung auf mich hatten. Zumindest mein vegetatives Nervensystem war spürbar beeinträchtigt, was wohl auch Ursache für meinen Haarausfall war, brüchige Fingernägel verursachte und nach meiner Einschätzung auch dazu führte, dass mir immer mal wieder die Lust auf schottische Single Malt verging, was nicht nur ich, sondern auch mein Spirituosenlieferant als echtes Alarmzeichen wertete. Das Buch sollte ein Befreiungsschlag gegen Frustrationen und ansatzweise schon vorhandene Depressionen sein, um mein seelisches Gleichgewicht wieder herzustellen.

Reaktionen auf mein Erstlingswerk

Die Reaktionen aus dem Kreis der Leser haben mir gezeigt, dass mein allgemeines Unwohlsein mit vielen Phänomenen, die mittlerweile in unserer Gesellschaft fest verankert bzw. auf dem besten Weg zu breiter Akzeptanz sind, kein eingebildetes Wehwehchen eines Hypochonders ist, sondern ein erstaunlich weit verbreitetes Unbehagen, das nicht nur in meiner Altersgruppe der über 60-jährigen notorischen Nörgler und Schwarzseher Beklemmungen auslöst. Ein paar aus der

1 Es war – natürlich – ein Versehen des Verlegers. Der Originaltitel sollte „Naturbeobachtungen II“ lauten.

2 Erschienen im Jahr 2015 im Verlag 28 Eichen, Barnstorf, ISBN 978-3-940597-74-8.

3 Eigentlich sind es nur 183 – überschlägig gerechnet.

Masse der in die Tausende[4] gehenden Leserzuschriften ausgewählten Stellungnahmen mögen das belegen.

Zur FDP

So erreichte mich über meinen Verlag 28 Eichen die, nennen wir es mal, pointierte Zuschrift des 19-jährigen Jungwählers Figus D. aus P., der offenbar meine Einschätzung teilt, dass die FDP, zu der er aus mir unerklärlichen Gründen ein gewisses Näheverhältnis pflegte, mit ihrer Initiative, sich selbst abzuschaffen, auf dem richtigen Weg ist.[5]

„Hi, Alter, cool, echt geil, was die da machen ☺ ☺ ☺ Figus“

Dr. med. Google

Erwähnenswert ist sicherlich auch die Zuschrift des ehemaligen Allgemeinmediziners Dr. Friedrich U. aus H., der, angeregt durch meine Überlegungen zum ärztlichen Geschäftsmodell[6] und diverser anderer medizinisch ausgerichteter Beiträge in meinem ersten Buch, ernsthaft erwägt, seine Spezialisierung zum „Dr. med. Google“ durch ein Praktikum beim Chaos Computer Club, Hamburg, voranzutreiben, weil ihm dies als der sicherste Weg erscheint, ärztliche Kunstfehler zu vermeiden.

> Verehrter Autor!
> Ich habe in meinem Leben viele Fehler gemacht, vor allem ärztliche Kunstfehler.
>
> Mir war, bis ich Ihre Anmerkungen las, unerklärlich, wie es etwa dazu kommen konnte, dass mir der nach meinem Dafürhalten an Tuberkulose erkrankte Patient im vergangenen Jahr praktisch unter den Händen wegstarb, obwohl ich nach allen Regeln der ärztlichen Kunst versucht hatte, diese schreckliche Hautkrankheit mit Pferdesalbe, dem wohl besten Mittel gegen Tuberkulose, zu heilen – ganz so, wie ich es bei Professor Sauerbruch während des Krieges gelernt hatte.

---

4 Na ja. Aber die Post hat tatsächlich angefragt, ob ich eine eigene Postleitzahl will. Ernsthaft.

5 Siehe Greck, Rein rechtlich ist das alles kein Problem, 2015, Seite 71f.

6 Siehe Greck, Rein rechtlich ist das alles kein Problem“, Seite 77 f.

Oh, hätte ich doch Ihren Ratschlag, vor der Diagnose und auch Therapie (!) einfach mal zu googeln, wie es meine Kollegen tun, wenn sie unsicher sind, nur früher gelesen. Wahrscheinlich wäre der Patient mit kalt-warmen Spritzgüssen und einer Schrotkur noch zu retten gewesen, wie ich jetzt weiß.

Ich habe aus diesem bedauerlichen Vorfall meine Lehren gezogen und gehe nun ohne Smartphone nicht mehr in den OP. Jetzt setz' ich noch einen drauf mit einem Praktikum beim Chaos Computer Club in Hamburg, um beim Desktop Research noch besser zu werden.

Mit kollegialen Grüßen aus Herzsprung

Ihr

Dr. med. Wurst[7]

Kritteleien

Natürlich erhielt ich auch negative Stellungnahmen, meist angelegt als einzeilige Botschaften ohne Anrede und Schlussformel. So schrieb mir etwa ein Fan des Fußballvereins aus der Verbotenen Stadt[8] – wohl wegen meiner nach seiner Ansicht allzu euphorischen Sympathiebekundungen für unseren geliebten BVB 09, ich zitiere:

„Wir machen dich alle, du schwarz-gelbe Sau!"

Ein Mann, der sich auskennt, dachte ich mir, denn schließlich sind die Traditionsfarben meines Ballspielvereins seit Urzeiten tatsächlich Schwarz und Gelb, nach einer groben farblichen Geschmacksverirrung in der Gründerzeit[9], die allerdings schon 1913, also vor mehr als hundert Jahren, korrigiert wurde und deshalb strafrechtlich nicht mehr verfolgbar ist.

Wohl wegen der – meines Erachtens sehr maßvollen – Bemerkungen zu Sinn und Zweck von Frauennetzwerken[10] und einiger daran angehängter weiterführender Gedanken meldete sich bei mir der „Cucumberbitches Uni Frankfurt e. V." mit

7 Danke, Otto.

8 GE.

9 Blau und Weiß.

10 Siehe Greck, Rein rechtlich ist das alles kein Problem, Seite 78 ff.

einem wohl als unterschwellige Protestnote aufzufassenden Schreiben, dem eine gewisse Aggressivität eigen ist.

> Altes Chauwi-Schwein,
> wir hoffen, dass dich die nächste Welle der Schweinepest dahinrafft. Wenn nicht, dann keulen wir dich eigenhändig.
> Mit wenig freundlichen Grüßen an einen sabbernden Tattergreis
>
> Marie-Theresia Schmitt-Sulzenhöfner
> 1. Vorsitzende
> Cucumberbitches Uni Frankfurt e. V.

Ich finde das ziemlich unanständig. „Mit wenig freundlichen Grüßen“, geht das nicht verbindlicher? Gefreut habe ich mich allerdings darüber, dass ich offensichtlich ein Thema angesprochen hatte, dass die Frankfurter Cucumberbitches berührt hat. Was kann einem Autor Besseres passieren als den Nerv seiner Leser, Pardon, und Leserinnen, zu treffen?

Nun ja, all die Stellungnahmen, die mich erreichten, lösten bei mir den Entschluss aus, mein offensichtlich vorhandenes Talent, die Menschen mit meinen Schwarz auf Weiß gedruckten Erkenntnissen zu begeistern und zu Tränen zu rühren, ob aus Freude, Mitleid oder ohnmächtigem Zorn sei dahingestellt, auch weiterhin zu pflegen.

Neuer Ansatz

Freilich nicht mit einem Aufguss neuer irritierender Geschichten aus der Kategorie Furor Cotidianus, des gemeinen Alltagswahnsinns also, obwohl ich dazu jeden Tag eine Fülle neuer Anregungen bekomme, nein, das wäre fad. Ich will in diesem Buch tiefer schürfen, alte und neue Einzelfälle analysieren, auf Gemeinsamkeiten untersuchen und, falls solche vorhanden sind, systematisierend mit dem Ziel betrachten, einige Wurzeln des Alltagswahnsinns bloßzulegen – zur ständigen Warnung für diese und kommende Generationen, und zwar mit dem Ziel aus dieser verkorksten Welt eine bessere zu machen.

Ach so, dies ist noch wichtig: Der Alltagswahnsinn hat unendlich viele Ausformungen, die aus Platzgründen hier nicht alle aufgezeigt werden können. Nach einer statistischen Erhebung des Karnevalsvereins „Die Blötschköppe“ aus dem Jahr 2015 im Kölner Stadtgebiet gibt es ca. 32 ½ Mio. unterschiedliche Erscheinungsarten diese Phänomens, die originär karnevalstypischen Formen nicht mitgezählt; allein der Begriff „Langeweile“, den ich hier am Konsum stillen Mineralwassers festgemacht habe, kennt ca. 120.000 Ausprägungen.

Die Sache mit der ½ Wurzel

Einen Schwarzbuch zu schreiben, das hierzu einen vollständigen Überblick gibt, das System des Alltagswahnsinns in toto transparent macht und sich um eine deduktive, systematisierende Einordnung einzelner Phänomene mit dem Ziel bemüht, ein allgemeingültiges System der Vermeidungsstrategien zu entwickeln, ist schlicht unmöglich – mir jedenfalls. Ich beschränke mich deshalb darauf, mit der induktiven Methode von Einzelfällen ausgehend, aus alltagstypischen Erscheinungsformen singulär bedeutsame Regeln abzuleiten, und zwar anhand von 32 ½ typischen Fällen, weshalb der Titel auch „32 ½ Wurzeln des gemeinen Alltagswahnsinns“ und nicht „Die“ 32 ½ Wurzeln des gemeinen Alltagswahnsinns lautet, denn das wäre eine sinnentstellend verkürzende Beschreibung dieses, wie gesagt, äußerst komplexen Themas. Weniger, so dachte ich mir aber, ist besser als nichts.

Und das mit der halben Wurzel hat folgende Bewandtnis. Ich bin mir nicht mehr sicher, ob das Thema „Eventgesellschaft“[11] und die hierdurch ausgelöste Infantilisierung der Gesellschaft als negativ abzulehnen ist, denn dieses Phänomen könnte auch Ausdruck eines zutiefst christlich geprägten Denkens sein; es gibt da nämlich so eine Textstelle im Matthäus-Evangelium.

Jörg Greck, im August 2016

11 Siehe unten Seite 152 ff.

MENSCHSEIN ALS SOLCHES

Mensch und Dummheit – das passt exakt

Kurzfassung für den eiligen Leser[12]

Schlechte Nachrichten, falls Sie kein Fan des Geisteszustands der Dummheit sind. Das Menschsein ist zwangsläufig mit dem Phänomen der Dummheit verknüpft. Da ist nichts zu machen, wir können allenfalls noch über den Schweregrad Ihrer individuellen Macke diskutieren, das ändert aber nichts am Tatbestand als solchem. Da können Sie fragen, wen Sie wollen: Einstein, Kästner, Twain oder Musil. Erasmus von Rotterdam ist sogar der festen Überzeugung, dass alles schon vor Ihrer Geburt begann. Partielle Selbstheilung ist möglich, aber eher selten.

Über die Dummheit wissen wir nicht viel, was für das Thema irgendwie bezeichnend ist. Intelligenzforschung, klar, damit kennen wir uns aus, aber „Dummheitsforschung"?

Unendlichkeit der Dummheit

Selbst Albert Einstein, dessen Relativitätstheorie dieser Tage übrigens mit der Messung von Gravitationswellen durch zwei in Hanford, Washington, und Livingston, Louisiana, beheimatete Laser-Detektoren bestätigt worden ist,[13] was zwei Forscher aus Hannover am 14.9.2015 – wegen der Zeitverschiebung zwischen den Kontinenten – als erste entdeckten,[14] hat sich eine ins Detail gehende Definition der Dummheit versagt

12 Um Ihnen das zeitraubende Lesen – sicherlich haben Sie Besseres zu tun – des gesamten folgenden Textes zu ersparen, stelle ich den Kapiteln diese Buches Abstracts voran, die das Ergebnis meiner Untersuchungen, nicht dessen Herleitung, komprimiert wiedergeben. Auf diese Weise können Sie das Buch in zehn Minuten lesen, statt dafür zehn Monate Ihrer Zeit zu verplempern. Ich hoffe, damit dem Trend zu entsprechen, dass es zunehmend aus der Mode kommt, Bücher zu lesen, es dem aufgeklärten, modernen „Leser" vielmehr genügt, über den Inhalt des Werkes im Großen und Ganzen informiert zu sein (siehe z. B. www.getabstract.com).

13 Physical Review Letters 116 Seite 061102 (11.2.2016).

14 Der identische europäische Forschungsauftrag, dem die Mission des ESA-Satelliten „Lisa Pathfinder" vorausging, kann jetzt also nur noch etwas beweisen, was längst bewiesen ist.

und das Phänomen sicherheitshalber naturwissenschaftlich umschrieben, denn da kannte er sich aus: „Nur zwei Sachen sind unendlich: Das Universum und die menschliche Dummheit. Wobei ich mir beim Universum nicht sicher bin.“

Glauben wir ihm das mal und halten als vorläufige Arbeitshypothese fest, dass die menschliche Dummheit unendlich sein könnte, um überhaupt ein erstes Charakteristikum des Begriffs festschreiben zu können. Der erkenntnistheoretische Gewinn unserer Entdeckung hält sich allerdings in Grenzen, wissen wir jetzt doch nur, das dieses Etwas, über dessen Begriffskern wir gern mehr wüssten, keine räumlichen und zeitlichen Grenzen zu kennen scheint.

Ausformungen der Dummheit

Da es keine wissenschaftlich fundierte „Theorie der Dummheit“ gibt und ich auch nicht beabsichtige, eine zu schreiben, obwohl ich zu ihr von Zeit zu Zeit ein durchaus kollegiales Verhältnis pflege, berufe ich mich im Folgenden auf weitere deutsche und internationale Geistesgrößen, um Transparenz zu schaffen.

Einsteins Unendlichkeitsaspekt scheint auch Erich Kästner zuzuneigen, wenn er feststellt, dass „Die Dummheiten wechseln, die Dummheit aber bleibt.“ Die Beschreibung enthält, was sich dem flüchtigen Leser auf den ersten Blick vielleicht nicht sofort erschließt, eine Beschreibung der Dummheit, die mir als wesentlich erscheint, nämlich, dass es – abhängig vom Bezugspunkt – unterschiedlichste Ausformungen dieses Geisteszustands gibt[15], was, Sie haben es längst erkannt, im ersten Halbsatz durch die Verwendung des Plurals zum Ausdruck kommt.

Selbstheilungskräfte

Diese unendliche, uns in den verschiedensten Ausformungen begegnende Dummheit – ich halte damit die bisherigen vorläufigen Zwischenergebnisse fest – scheint, was wirklich tröstlich ist, reparabel zu sein, wenn der Dumme nur nach Kräften um Erleuchtung kämpft. In diese Richtung deutet jedenfalls

15 Oberflächlichkeit, fehlender Weitblick, Mangel an Differenzierungsfähigkeiten bei komplexen Problemen („Patentlösungen“), fundamentale Wissenslücken infolge mangelnder Bildung, Geschwätzigkeit etc. etc.

eine Anmerkung zum Thema von Mark Twain, der sich an seinen Vater mit den Worten erinnert: „Als ich 14 war, war mein Vater so dumm, dass ich ihn kaum ertragen konnte. Aber als ich 21 wurde, war ich doch erstaunt, wie viel der alte Mann in 7 Jahren dazugelernt hatte.“ Diese Beschreibung der Dummheit ist einfach meisterhaft, zeigt sie doch auf, wie zweischneidig es sein kann, einem anderen Menschen das Etikett „(auf ewig) dumm“ ans Revers zu heften.

Erstes Zwischenergebnis

Kippen wir die bisher gefundenen Zwischenergebnisse einmal zusammen und versuchen im Anschluss daran, auf der Grundlage einer daraus entwickelten Hypothese bei unserer Untersuchung mutig voranzugehen, wobei wir uns gern auch von Plausibilitätserwägungen leiten lassen wollen, wenn sie mit dem vorgedachten Ergebnis harmonieren.

Also, bei der unendlichen, in den unterschiedlichsten Spielarten daherkommenden, durch Lernanstrengungen in Grenzen korrigierbaren Dummheit, wir lassen damit das gerade gefundene dritte Kriterium mit in die Definition einfließen, könnte es sich mithin um einen Geisteszustand handeln, der zwar den Menschen wie ein dunkler Schatten ständig begleitet (Unendlichkeitsaspekt [Einstein]), ihn jedoch nur – situationsabhängig – dann und wann befällt (Spielarten der Dummheit [Kästner]), wenn es ihm nicht gelingt, sich der Erkenntnis zu öffnen (Korrigierbarkeit des Geisteszustands [Twain]), wobei Letzteres sowohl für den Dummheitsplakettenverteilenden, vor allem wohl für ihn, als auch den als unterkomplex Bewerteten gilt (wieder Twain).

Die Dummheit des Klugen

Ist es denn nicht tatsächlich so, wie Robert Musil es am 11.3.1937[16] in Wien in seinem Vortrag „Über die Dummheit“ auf Einladung des Österreichischen Werkbunds in einer seiner Eingangsbemerkungen feststellte, nämlich dass derjenige, der einen anderen als „dumm“ qualifiziere, sich anmaße, nicht selbst dumm zu sein „und also zur Schau trägt, daß er sich für

16 Er hat den Vortrag am 17.3.1937 übrigens noch einmal halten müssen, was möglicherweise gewisse Rückschlüsse auf den geistigen Entwicklungsstand seiner Zuhörer erlaubt.

klug halte, obwohl es allgemein als ein Zeichen von Dummheit gilt, das zu tun!“. Dieser Gesichtspunkt ist für uns gleich doppelt interessant, zum einen, weil er das bereits bekannte Thema Mark Twains noch einmal aufnimmt und verstärkt, zum anderen, weil er unsere Suche nach einer Definition um ein neues, ein viertes Kriterium bereichert, nämlich das der Dummheit der (scheinbar) Klugen.

Zweites Zwischenergebnis

Damit wir nicht den Überblick verlieren, hier noch einmal alles in der Zusammenschau: Die Dummheit ist eine dem Menschen immanente Geisteshaltung, sein ständiger Begleiter von der Wiege bis zur Bahre (Einstein), die in den unterschiedlichsten Ausformungen (Kästner) regelmäßig auch diejenigen befällt, die sich für klug halten (Musil); sie ist nur durch die Aktivierung aller Selbstheilungskräfte des von ihr Betroffenen in Grenzen korrigierbar (Twain).

Ein gutes Beispiel zum letztgenannten Aspekt ist Wagners Bühnenweihspiel „Parsifal“, das die Geschichte eines Jünglings erzählt, der als reiner Tor in die Welt hinauszieht, um nach langen Irrfahrten und Anstrengungen endlich seine Bestimmung zu begreifen und schließlich – vollkommen erleuchtet – als Heilsbringer endet. Eine wahrlich beeindruckende Karriere, die Ihnen den Blick aber nicht dafür verstellen sollte, dass der Mensch, also auch Sie, ohne „gewisse Dummheiten“ nicht einmal auf die Welt käme, wie es der niederländische Humanist Erasmus von Rotterdam in seinem 1509 entstandenen „Lob der Torheit“ launig beschreibt.

„Die Prinzipien der menschlichen Dummheit“

Die humoristische Auseinandersetzung mit der „Dummheit“ mag ja der richtige Angang für dieses Thema sein; der italienische Wirtschaftstheoretiker und Schriftsteller Carlo M. Cipolla weist in seinem 1988 erschienenen satirischen Werk „Die Prinzipien der menschlichen Dummheit“ aber zu Recht warnend auf fünf, allesamt unangenehme, fundamentale Gesetze der Dummheit hin, von denen das erste sinngemäß verkürzt lautet: Die Zahl der in Umlauf befindlichen dummen Individuen wird unterschätzt, was ziemlich bedrohlich klingt und es wohl auch ist; eine Einschätzung übrigens, die auf einer Linie liegt mit den Erkenntnissen des renommierten Gelegenheits-Phänomenologen Jörg Reinhard Eduard,[17] der das Ergebnis seiner langjährigen Alltagsforschungen zu diesem Thema in folgenden Merksatz gegossen hat: „Die Zahl der Dummen übertrifft bei weitem die der halbwegs Gescheiten“.

„Idiotentest“

Deshalb abschließend noch eine – auf der Grundlage der entwickelten Definitionen deutscher und internationaler Geistesgrößen – entwickelte Kontrollfrage für einen alltagstauglichen „Idiotentest“, mit dem Sie die Spreu vom Weizen trennen können, falls es denn da was zu trennen gibt. Ausgangslage: Ihr Gesprächspartner steht nach Ihrer Einschätzung in Verdacht, an akuter Dummheit zu leiden. Sie stellen sich folgende Frage:

Ist es ein Mensch? Falls ja, gehen Sie davon aus, dass er – mit welchem Schweregrad auch immer (Twain) – unendlich dumm ist (Einstein, Kästner), und zwar genauso wie Sie (Musil). Falls es kein Mensch ist, Sie mit einem Ihrer Esszimmerstühle gesprochen haben oder etwa mit Ihrem Zwergkaninchen, endet der Test für Sie an dieser Stelle mit der Empfehlung, dringend an Ihrer mentalen Fitness zu arbeiten, was ohne psychotherapeutische Begleitung nach meiner Einschätzung bei dem Schweregrad Ihrer Erkrankung nicht möglich sein dürfte.

Warnen möchte ich Sie ausdrücklich davor, den „Idiotentest“ nach der „Methode Erasmus“[18] zu machen, wie es auch heute noch vereinzelt empfohlen wird. Zwar ist es richtig, dass sich in seinem Buch „Lob der Torheit“ die Torheit selbst dafür rühmt, es sei nur ihr zu danken, dass sie, die Menschen, heiter und frohgemut durchs Leben gingen. Daraus aber zu schließen, der Dumme sei daran zu erkennen, dass er immer mit einem breiten Grinsen einherschreitet, ist blanker Unsinn – die Gruppe der dauerlächelnden, vor Fernsehkameras in Talkshows posierenden, von der Regenbogenpresse zu (Halb-)Promis gekürten Grinsekatzen einmal ausgenommen.

17 Greck.
18 Von Rotterdam.

Ausblick
Die Dummheit ist ein unvermeidbares, allen Varianten des gemeinen Alltagswahnsinns immanentes Element, ohne das der Furor Cotidianus[19] nicht die in diesem Buch beschriebenen Blüten treiben könnte. Der geneigte Leser, der aus diesem „Schwarzbuch des Alltagswahnsinns" den bestmöglichen Erkenntnisgewinn ziehen will, tut also gut daran, die in diesem Kapitel beschriebenen Ergebnisse bei der Lektüre der folgenden 31 ½ Lektionen im Blick zu behalten und – selbstverständlich auch – die Würdigung der schriftstellerischen und wissenschaftlichen Leistung des Autors an diesen Fakten zu orientieren.

Wenn die Glückshormone kräftig rauschen

Kurzfassung für den eiligen Leser
Die Ausschüttung des Glückshormons Dopamin durch Ihr Gehirn sollten Sie unter allen Umständen vermeiden. Weil eigenhändige Eingriffe in dieses Gehirnareal nach der Do-It-Yourself-Methode durchaus als nicht unproblematisch zu bezeichnen sind[20], ist die Politik aufgerufen, dem Treiben der für dopaminbasierte Rauschzustände verantwortlichen Marketing-Branche durch einen neu zu schaffenden Straftatbestand im Rahmen der Deliktsgruppe „Gefährdung des demokratischen Rechtsstaats" endlich ein Ende zu setzen.

Der Zustand, Geld zu haben, ist, durch die Brille des Endokrinologen oder Neurologen betrachtet, gesundheitlich unbedenklich. Anders muss die medizinische Beurteilung ausfallen, wenn es um die Erwartung eines warmen Geldregens, im Grunde um geldwerte Vorteile jedweder Art geht. Die eindeutige Diagnose lautet dann: Alltagswahnsinn in der Spielart eines Rauschzustands.

Dopamin macht blöd
Die Aussicht auf Geld[21] nämlich löst instinktiv in unserem Gehirn, genauer: im Nucleus accumbens, einer Kernstruktur

19 Gemeiner Alltagswahnsinn.
20 Private und gesetzliche Krankenkassen übernehmen keine Arztkosten!
21 Achtung: Essen, Sex oder manche Drogen haben dieselbe Wirkung!

im unteren Vorderhirn[22], heftige Reaktionen aus. Verlockungen der genannten Art stimulieren das hormonell gesteuerte Belohnungssystem unseres Körpers. Die automatisch einsetzenden biochemischen Prozesse setzen Dopamin frei, einen Botenstoff, der Signale zwischen den Rezeptoren der Nervenzellen übermittelt, die dann in benachbarten Gehirnarealen Gefühle der Zufriedenheit und Freude auslösen, geradezu einen als krankhaft zu bezeichnenden Glückstaumel, der das freie Entscheidungsvermögen ansonsten auch durchaus vernunftbegabter Personen einengt, ja, man muss sogar sagen, aushebelt.

Unerheblich für den Glückstaumel ist übrigens, ob das Geld als Barbetrag oder als Rabatt ausgeschüttet wird, was zwanglos erklärt, warum Veranstaltungen wie etwa die nur noch inoffiziell abgehaltenen Sommer- oder Winterschlussverkäufe für den Handel unverzichtbar sind, und zwar auch in Bezug auf das allenfalls geringfügig preisreduzierte klassische Warensortiment. Denn das in der Hoffnung auf ein Schnäppchen bestens mit Dopamin umspülte Gehirn fühlt sich glücklich und wird in verstärktem Maß risikobereit, Kaufrauschzustände sind dann nicht ausgeschlossen, was Herbert Grönemeyer bereits in seinen frühen Jahren, wohl im Auftrag des Handelsverband Deutschland (HDE)[23], anlässlich des Sommerschlussverkaufs im Jahr 1983 besungen hat.[24]

Zauberworte

Im Grunde ist seiner Situationsanalyse nichts Neues hinzuzufügen. Durch Codes wie „Geld“ oder „Rabatt“ ausgelöste instinktive, also dem Willen entzogene Reaktionen sind stärker als (rationale) Argumente. Ist der verlässlich wirkende Neurotransmitter Dopamin erst einmal ausgeschüttet, brechen

---

22 Ich beschreibe den Sitz des Nucleus accumbens hier für den Fall etwas genauer, dass Sie diesen Teil des Gehirns wegen der beschriebenen Gefahren ausschalten wollen, vielleicht mit einer Silbernadel oder einer vorsichtigen Reizstrombehandlung. Bevor Sie loslegen, googeln Sie im eigenen Interesse aber noch mal eine genaue Abbildung dieser Gehirnregion.

23 Spitzenorganisation des deutschen Einzelhandels.

24 „Oh, ich kauf mir was, Kaufen macht so viel Spaß, ich könnte ständig kaufen gehen, Kaufen ist wunderschön …“, Album „Gemischte Gefühle“, 1983, mit dem Song „Kaufen“.

alle Dämme. Das erinnert ein wenig an schwarze Kunst. Magisch, kaum ist das Zauberwort ausgesprochen, verwandelt sich der kritische Verbraucher in einen Konsum-Junkie, der beim Wort „Rabatt“ auf Kommando verstärkt Speichel absondert und, auf seine tierischen Urinstinkte zurückgeworfen, beim Kampf um den besten Platz am Wühltisch auch vor gröbsten Rempeleien und Rüpeleien nicht zurückschreckt, sich hoffnungslos überschuldet, um das Objekt seiner Begierde endlich in den Händen zu halten oder etwa versucht – ohne Rücksicht auf soziale Bindungen –, die (eigene) Schwiegermutter zu verkaufen oder in Zahlung zu geben, zumindest kommissionsweise, wenn der mit dem Sonderangebot winkende Verkäufer sich ziert, das wirtschaftliche Risiko eines Weiterverkaufs[25] allein zu tragen.

Das Freisetzen des Glückshormons Dopamin ist, dies dürfte mittlerweile auch dem letzten Zweifler klargeworden sein, hoch gefährlich, ist dieser Vorgang doch geeignet, kulturelle Errungenschaften wie sittlich und moralisch orientiertes Handeln durch instinktives, an keine gesellschaftlichen Normen gebundenes Verhalten zu ersetzen. Lediglich bei einem kleinen Teil der Bevölkerung, Wissenschaftler schätzen ihren Anteil auf 5%, lässt sich auf diesem Weg kein Kaufrausch auslösen, weil die den Botenstoff aufnehmenden Rezeptoren blockiert sind.

Die Politik muss handeln

Ich meine, dass die Politik dieses Problem, ausgelöst durch die von Marketing-Managern der Unternehmen und Marketing-Gesellschaften angezettelten Rabattschlachten und Dauer-Niedrigsttiefpreise[26], endlich anpacken muss. Es reicht nicht aus, das Rabattverbot auf den Verkauf von Büchern und Arzneimitteln an den Endverbraucher zu beschränken, um Auswüchse der beschriebenen Art zu unterbinden. Das muss man klar sehen. Ein umfassendes Rabattverbot muss her, am besten angebunden an das Wettbewerbsrecht. Das ist das eine.

Diese Maßnahme wäre zu kombinieren mit einem neuen Straftatbestand, der ins Strafgesetzbuch gehört und nicht ins

25 Der Schwiegermutter natürlich.

26 Aldi und Lidl unterbieten sich momentan wieder einmal gnadenlos.

Nebenstrafrecht, wie das Betäubungsmittelstrafrecht, das in diesem Zusammenhang von selbsternannten Experten unglücklicherweise immer wieder ins Spiel gebracht wird.

Anbieten würde es sich aus meiner Sicht, im Besonderen Teil des Strafgesetzbuchs eine Ergänzung des 3. Titels des 1. Abschnitts, der die Straftatbestände der Gefährdung des demokratischen Rechtsstaates enthält. Der neu zu schaffende § 92 Strafgesetzbuch könnte – kurz und knapp – etwa so lauten:

§ 92 Verfassungsfeindliches Hinwirken auf Dopaminausschüttungen

(1) Wer durch Wort, Schrift, akustische, optische Hilfsmittel oder olfaktorische Reize darauf hinwirkt, dass Dritte durch die Ausschüttung des Neurotransmitters Dopamin in ihrer freien Willensentscheidung zu Lasten ihrer eigen Person oder des Allgemeinwohls beeinflusst werden und dadurch die freiheitlich demokratische Grundordnung oder die geltenden Sitten- und Moralvorstellungen gefährdet, wird mit einer Freiheitsstrafe bis zu zehn Jahren oder mit Geldstrafe bestraft.

(2) Der Versuch ist strafbar.

(3) Eine Rabattierung der Freiheitsstrafe in der Form einer Aussetzung derselben ist in diesen Fällen ausgeschlossen; § 57 StGB findet keine Anwendung.

Das wäre meine Fassung der Vorschrift, um den kriminellen Verführern das Handwerk zu legen, die aber bei realistischer Betrachtung im Laufe des Gesetzgebungsverfahrens wohl um folgenden Absatz 4 ergänzt werden wird, weil irgendein Parlamentarier oder Staatssekretär dem Schäuble das Wort „Geld“ oder (Straf-)„Rabatt“ ins Ohr geblasen hat:

(4) Ist die Schuld gering, kann von einer Bestrafung nach dieser Vorschrift abgesehen werden. Dies ist insbesondere dann der Fall, wenn der im Absatz 1 beschriebene Manipulationsvorgang zu steuerlichen Mehreinnahmen für den deutschen Fiskus führt, die die Mittelschicht nachhaltig finanziell belasten.[27]

---

27 Zur staatlichen Ausbeutung bei Mittelschichtzugehörigkeit siehe unten Seite 133 ff.

TÄGLICHES MITEINANDER

Verbale Kommunikation – Missverständnisse inklusive

Kurzfassung für den eiligen Leser
Sprache, gleichermaßen aber auch Bilder und Symbole sind denkbar ungeeignete Werkzeuge, um die Voraussetzungen dafür zu schaffen, das Gemeinte mit dem Verstandenen in Deckung zu bringen; Missverständnisse mit teils dramatischen Folgen sind unvermeidbar. Verzichten Sie auf diese Kommunikationsmittel und gehen Sie bewusst neue Wege beim Austausch von Informationen mit Ihren Mitmenschen.

„Kommunikation hat Versuchscharakter".[28] Im Grunde wissen wir das schon seit alttestamentarischen Zeiten. Ich darf insoweit an das erste Buch Buch Mose erinnern, in dem besagter Prophet die aus den bekannten Gründen von Gott verhängte Strafe einer Sprachverwirrung anlässlich des Turmbaus zu Babel in – leider nur – mageren neun Versen beschreibt. (Das Bauvorhaben soll sich übrigens vom 18. bis ins 16. Jahrhundert v. Chr. hingeschleppt haben und letztlich unvollendet geblieben sein, wenn man der Quelle vertrauen darf.)[29]

Babylon ist überall

Man darf durchaus darüber spekulieren, ob Gott die Sprachverwirrung auf das babylonische Bauvorhaben beschränkt oder nicht vielmehr – unbemerkt von allen Propheten – unbefristet auf die gesamte verbale Kommunikation zwischen Menschen erstreckt hat.

Schon wenn man auf den verbalen Kommunikationsvorgang als solchen blickt, muss man feststellen, dass die Eindeutigkeit des Informationsaustausches mittels (gesprochener oder geschriebener) Sprache zwischen einem Sender und einem Empfänger nicht gegeben ist. Die Gefahr eines Missverständnisses zwischen dem Absender der Botschaft

---

28 Reinhard Fiehler (Hg.), Verständigungsprobleme und gestörte Kommunikation, 1998, Seite 7.

29 Gab es den Baukonzern Hochtief damals eigentlich schon?

und dem Empfänger ist allgegenwärtig. Denken Sie nur an ein x-beliebiges Gespräch mit Ihrer Frau oder etwa den folgenden Schülerwitz, der an Anschaulichkeit nichts zu wünschen übrig lässt: „Lehrer: Die Polizei sucht einen Schüler, der im Umkreis der Schule Mädchen belästigt. Schüler: Wo kann ich mich melden?" Nun ja.

„100%-ige Solidarität"

Differenzwerte zwischen dem Gemeinten und dem Verstandenen, also sprachliche Missverständnisse, gibt es aber auch in solchen Bereichen, in denen, wie in der Politik, die Worte für gewöhnlich sorgsam abgewogen werden. Ein Beispiel: Als unsere Bundesregierung Ende 2001 der US-amerikanischen Regierung mit Blick auf Nine Eleven „einhundertprozentige Solidarität"[30] zusicherte, aber schon Ende des Jahres 2002 eine Beteiligung am Irak-Krieg, wie wir wissen: zu Recht, ausschloss, brach eine transatlantische Eiszeit an, weil die USA aus der Botschaft „100%" eine „bedingungslose Zusicherung ohne wenn und aber" ableitete und den symbolträchtigen Begriff „Solidarität" auf der Metaebene der Botschaft nicht als Sympathiebekundung, sondern als Verhaltensabsicht verstanden.

Juristenkauderwelsch

Kommunikative Unfälle können sich aber auch aus anderen Gründen ereignen, z. B. dann, wenn Sprache überkommenen historischen Vorbildern folgt.

So geht es den Juristen mit den Denkfiguren, vor allem aber den sprachlichen Stilmitteln des römischen Rechts, die von italienischen Rechtsgelehrten in Bologna anfangs des 12. Jahrhunderts für Westeuropa wiederentdeckt, in Deutschland von den Reformjuristen des 18. Jahrhunderts vehement kritisiert, mit dem preußischen Allgemeinen Landrecht von 1794 erfolgreich abgeschafft und schließlich im 19. und 20. Jahrhundert von historisch-römisch orientierten Rechtsgelehrten wie Carl von Savigny erneut fruchtbar gemacht wurden.

---

30 So jetzt auch Sigmar Gabriel im Bundestag („uneingeschränkte Solidarität") an die Adresse Frankreichs nach den Terroranschlägen am 13.11.2015 in Paris.

Seit dieser Zeit plagen wir uns mit dem stilistischen Ideal der römischen Rechtsschule, der Periode, herum, dem langen Satz mit möglichst vielen untergeordneten Nebensätzen. Selbstverständlich ist es dem deutschen Gesetzgeber gelungen, den Zugang zum Bedeutungsinhalt des Textes durch weitere zusätzliche sprachliche Finessen zu erschweren. Verworrene Partizipalkonstruktionen, wachsende Abstraktheit durch einen Nominalisierungsstil und das Nachschleppen des Verbs wirken wie Nebelkerzen, die den Gesetzestext mit einem undurchsichtigen Schleier überziehen, der nur durch Juristen gelüftet werden kann. Ich erspare Ihnen an dieser Stelle eine exemplarische Auflistung einzelner Grausamkeiten; Sie lesen ja mein Buch, das bietet ausreichend Anschauungsmaterial.

Aber auch diese berufsmäßigen Sprachverdreher verstehen nicht alles auf Anhieb, was jedenfalls teilweise erklärt, warum sie in Zweifelsfällen immer mal wieder einen speziellen „Juristen-Duden" benutzen müssen, der Creifelds heißt. Recht so!

Ausweg: nonverbale Kommunikation

Wenn aber Sprache, die genannten Beispiele ließen sich beliebig vermehren, kein verlässliches Verständigungsmittel ist wegen all der damit verbundenen Missverständnisse, dem „Nebeneinanderdenken und Aneinandervorbeireden"[31], wie sollen wir dann miteinander kommunizieren?

Maschinen in den Kommunikationsprozess zwischen Sender und Empfänger einzuschalten, ist keine Lösung[32], wie die automatisiert generierten Übersetzungen der Gebrauchsanleitungen von aus Fernost importierten Waren zeigen:

„Auspack und freu."[33]

„Setzen sie das stereo Kopfphon in Kopfphon Wagenwinde ein, die Macht ist an, sonst ist die Macht ab.

31 So schon Kurt Tucholsky im Jahr 1931 in einem Brief an seinen Bruder, zitiert in „Kulturgeschichte der Missverständnisse, Stuttgart, 1997.

32 Siehe schon Greck, Rein rechtlich ist das alles kein Problem, 2015, Seite 246 ff. (zur Worterkennungsfunktion des iPad).

33 Aus der Gebrauchsanleitung für eine elektrisch betriebene Kette japanischer Weihnachtskerzen. Eingeleitet werden die Hinweise zum Produkt mit folgender Botschaft: „Mit sensazionell Modell GWK 9091 Sie bekomen nicht teutonische Gemutlichkeit fuer trautes Heim nur, auch Erfolg als moderner Mensch bei anderes Geschleckt nach Weihnachtsganz aufgegessen …".

Für UKW Band, die Tafel wird angezündet, nur als den Laut des Radios – wird erhalten."[34]

„Stellen Sie die Gerte des Singweisen Griffers ZUR EINSTELLUNG. Eine nette Singstimme wird verbeugen den anderen Teil auf denn telephon von hörender Yhrer geheimer Unterredung."[35]

Der Königsweg könnte darin zu sehen sein, die verbale zugunsten der nonverbalen Kommunikation aufzugeben. Bilder als statische Fotos oder Film(chen), Symbole und Töne, für Sprachästheten vielleicht ergänzt um körpersprachliche Elemente wie Gestik und Mimik – das sind die inhaltstiefen und aussagestarken Elemente eines ergebnisorientierten Informationsaustausches zwischen Menschen.

Fotos, Filmchen und Emoticons

Die Jugend weiß das längst und handelt entsprechend. Die über WhatsApp verschickten Informationen sind ein gutes Beispiel. Die ohnehin nur kurzen, in *broken German* hingehackten Wortfetzen haben eine nur untergeordnete Bedeutung für den Inhalt der Botschaft, deren Aussage von den beigegeben Fotos, Filmchen und Emoticons, einer Folge von ASCII-Zeichen, getragen wird – ganz im Zeichen des „iconic turn", der Wende zum Bild, die die Welt nach Ansicht des Instagram-Mitgründers Kevin Systrom gerade erlebt, der, Sie erinnern sich, im Jahr 2012 das von ihm und Mike Krieger geführte Unternehmen[36] für eine Milliarde Dollar an seinen Kumpel Mark Zuckerberg verscherbelte, den Chef von Facebook.

Emoticons gab es eigentlich schon immer, wenn auch in nicht-elektronischer Form. Ein noch aus römischer Zeit stammendes Emoticon, das Emoticon schlechthin, ist auch Ihnen bestens bekannt, nämlich der im Circus Maximus aufgestellte oder abgesenkte Daumen des Imperators als Würdigung der kämpferischen Leistung des unterlegenen Gegners bei den Sandkastenspielen der todgeweihten Gladiatoren. Hätte z. B. die Bundesregierung ihre Sympathiebekundung „100%-ige

34 Aus einer alten Gebrauchsanleitung für „das kleinste Radio der Welt".
35 Aus der Gebrauchsanleitung für ein in Asien produziertes Handy.
36 Zum Zeitpunkt des Verkaufs hatte Instagram ca. 300 Mio. Nutzer!

Solidarität“ für die US-Regierung[37] mit diesem Emoticon ;-) abgesichert, hätte es das ein politisches Erdbeben auslösende Missverständnis nicht gegeben!

Auch Programmierer haben die menschliche „Sprache an sich“ längst als Quelle von Missverständnissen identifiziert, weshalb die sogenannten Pflichtenhefte im Bereich der Software-Systementwicklung häufig in einer künstlichen Sprache verfasst werden, etwa *Matlab Simulink*, das eine hierarchische Modellierung mit Hilfe grafischer Blöcke ermöglicht.

Schweizerische Bilderhängung vermeiden[38]

Doch Vorsicht, auch Bilder transportieren nicht immer den beabsichtigten Bedeutungsinhalt. Das sei allen WhatsAppern ins Stammbuch geschrieben, die meinen, eine visuelle Botschaft sei unmissverständlich. Dies gilt jedenfalls dann nicht, wenn man kulturelle Gepflogenheiten bei der Informationsaufnahme außer Acht lässt.

An dieser Stelle berichten Marketing-Experten, hämisch grinsend, gern von der Werbekampagne eines großen europäischen Nahrungsmittelkonzerns[39], die zum Ziel hatte, die frühkindliche Ernährung in einem arabischen Land mit einer hohen Analphabetenquote von Muttermilch auf Milchpulver umzustellen. Folglich plakatierte das Unternehmen seine Botschaft in drei Bildern. Das erste Bild zeigte ein weinendes Baby auf dem Arm seiner Mutter, das zweite, rechts davon positioniert, ein Baby, das mit dem Trockenmilchprodukt des Herstellers gefüttert wird, auf dem dritten Bild war schließlich ein über das ganze Gesicht lachendes, vor Kraft nur so strotzendes Baby zu sehen. Eine eindeutige Botschaft, so könnte man glauben. Für Europa ist diese Wertung auch zutreffend, allerdings nicht für den Nahen Osten, denn dort werden optische Informationen analog der erlernten Leserichtung semitischer Schriften von rechts nach links aufgenommen. Das hierdurch entstehende Missverständnis war fundamentaler Natur, verdrehte es doch den Bedeutungsinhalt der Botschaft in sein Gegenteil.

---

37 Siehe oben.

38 In Anlehnung an den Begriff „Petersburger Hängung“, bei der Gemälde besonders eng aneinandergereiht gezeigt werden.

39 War es Nestlé?

Außerdem, dies ist ein weiteres Manko des bildgestützten Kommunikationsprozesses, können Bilder nur allzu leicht gefälscht werden, was Ihnen, um ein aktuelles Beispiel zu nehmen, das jeder kennt, der Kurzzeit-Finanzminister Griechenlands, Herr Varoufakis, sicherlich gern bestätigen wird. Natürlich ist das Video mit dem Stinkefinger gefakt, obwohl, das wird man feststellen dürfen, diese rebellische Geste perfekt zum Bild einer als „Subversiv Festival“ betitelten Veranstaltung passte – oder muss es heißen „gepasst hätte?

Und jetzt?
Ich überlege gerade – vielleicht sollte man wegen der Tücken der verbalen und nonverbalen Kommunikation das eigene Informationsverhalten grundlegend umstellen. Beschließen Sie doch einfach mal, zunächst vielleicht nur befristet auf ein bis zwei Jahre, das Sprechen zugunsten des (Zu-)Hörens weitgehend einzustellen. Ich weiß, das Zuhören ist ein wenig aus der Mode gekommen, alle wollen nur noch ihre Informationen loswerden, sie einem anderen, einem Mühlstein gleich, um den Hals hängen – auch um den Preis, dass das bedauernswerte Opfer in der Informationsflut untergeht.

Zugegeben, Zuhören erfordert Zeit und Empathie, setzt es doch einen Prozess der Informationsverarbeitung und das Erarbeiten einer Stellungnahme zu dem Gehörten oder Gelesenen voraus. Vielleicht liegt der Kern einer erfolgreichen Kommunikation aber gerade nicht in der direkten Selbstverwirklichung des eigenen Ich durch das Sprechen, sondern darin, zur Selbstfindung des anderen durch Zuhören beizutragen. Manchmal führt auch ein Umweg zum Ziel. So geht's auf jeden Fall nicht weiter! „Und sollte nicht auch einer von uns. Oder morgen. Oder vielleicht nicht. Wer weiß, schönen guten Abend.“[40]

Selbstverliebte Ignoranz

Kurzfassung für den eiligen Leser
Vermeiden Sie es nach Möglichkeit, persönliche Erfolge, und seien sie auch noch so klein, oder auch nur ungewöhnliche,

40 Schlussbemerkung von Otto Waalkes in seinem Sketch „Das Wort zum Sonntag“.

von Ihnen als positiv und bereichernd empfundene Erfahrungen und Erlebnisse „im Freundeskreis" anzusprechen. Wenn Sie nicht durch ignorantes Verhalten Dritter irritieren werden wollen, die Ihre Heldentaten entweder nicht zur Kenntnis nehmen oder gleich ein Heldenepos dagegensetzen, in dem sie die Hauptrolle spielen, dann führen Sie besser ein unauffälliges, angepasstes Leben im Geiste des Mainstream, denn als graue Maus werden Sie von allen anderen grauen Mäusen stets verständnisvoll angenommen.

Sicherlich haben Sie schon einmal, wenn nicht, dann sollten Sie das unbedingt nachholen, den herrlich verrückten Kultfilm „Das Leben des Brian" gesehen, den die inzwischen leider pensionierte englische Komikertruppe Monty Python im Jahr 1979 produziert hat.

Die „Volksfront von Judäa"

Der Film, der zur Zeit der Besetzung Judäas durch die Römer im Jahr 33 n. Chr. spielt, ist für das Thema des Umgangs mit Erfolgsgeschichten, die Dritte geschrieben haben, insoweit interessant, als in einer Filmszene die Diskussion auf einer Versammlung der „Volksfront von Judäa"[41] gezeigt wird. Der Vorsitzende der Befreiungsorganisation, John Cleese, wer sonst, versucht seine Mitstreiter mit der Feststellung „Sie haben uns ausbluten lassen, diese Schweine" und der sich anschließenden rhetorischen Frage „Und was haben die Römer je für uns getan?" auf die Entführung von Pilatus' Ehefrau einzustimmen, die man, so der Plan, dem römischen Statthalter in Einzelteilen zurückzuschicken beabsichtigt, wenn er nicht binnen zwei Tagen der Forderung nachkomme, in Judäa „den gesamten römisch-imperialistischen Staatsapparat aufzulösen".

Zunächst herrscht zustimmendes Schweigen in der Runde, dann zählen – immer hübsch langsam nacheinander – einzelne vermummte Freiheitskämpfer die kulturellen Errungenschaften auf, die die Besatzer den Judäern gebracht haben, nämlich Straßen, Schulen, Krankenhäuser, Bewässerungssysteme, Kanalisation, öffentliche Bäder etc. etc., was Cleese widerwil-

41 Oder war es die „Judäische Volksfront"?

lig mit der Feststellung „mal abgesehen von...." seiner stumpfsinnig wiederholten Ausgangsfrage als Aufzählung voranstellt.

Ein, wie ich meine, Paradebeispiel für ignorantes Verhalten, das die nicht zur eigenen Weltanschauung passenden Fakten als irritierend (und damit bedeutungslos) einfach ausblendet.

Lebensprinzip: Ignoranz und Selbstvertrauen

Vielleicht kennen Sie auch den ein oder anderen dieser universalen Nichtswisser, die die Kunst beherrschen, mit offenen Augen nicht sehen zu wollen, und diese Fertigkeit gern in solchen Situationen zur Schau stellt, in denen es darum geht, ungewöhnliche Erfahrungen und Leistungen anderer bewusst zu übersehen, vielleicht weil sie ihm deutlich machen, wie klein er selbst und seine eigene Welt ist. Zwei Beispiele, die sich so oder so ähnlich täglich auf unserem Globus ereignen, sollen diesen speziellen Fall von Alltagswahnsinn illustrieren:

Gerade zurückgekehrt von einer achtmonatigen Weltreise, auf der Sie u. a. die Sahara zu Fuß durchquert, mehrere Achttausender in Tibet ohne Sauerstoffgeräte bezwungen, den Nordpol auf Skiern erreicht und eine Privataudienz bei Barack Obama absolviert haben, mit dem Sie sich seitdem duzen, worüber Sie auf Ihrer Geburtstagsfeier kurz und knapp berichten, erwidert einer der Gäste unter Verweis auf einen Landtagsabgeordneten aus seinem Kegelclub, dass er von Politikern nichts halte und es im Übrigen vorziehe, seinen Urlaub „in unserem wunderschönen Heimatland" zu verbringen, worauf er in einem halbstündigen Monolog die Vorzüge der deutschen Ostseeküste gegenüber der doch „ein wenig zu wilden" Nordseeküste preist – „Nordsee ist Mordsee, sag' ich immer, hahahaha."

Oder: Gerade hat Sie der Leiter des Karolinska-Instituts in Stockholm angerufen und Ihnen mitgeteilt, dass Sie der nächste Medizinnobelpreisträger sind. Sie sind vollkommen aus dem Häuschen, wollen Ihr Glück mit Dritten teilen und rufen, da Ihre Frau auf Einkaufstour ist, Ihren vermeintlich besten Freund an, der, wohl ein Anfall akuter Ignorantia cotidiana[42],

42 Gemeine Alltagsignoranz – frei übersetzt.

mit keinem Wort auf Ihre *Breaking News* eingeht, sondern Ihnen über die „endlich erfolgreiche" Behandlung seines hartnäckigen Fußpilzes ausschweifend berichtet, ein Thema, dem nach seiner Ansicht „in der Medizinforschung viel zu wenig Beachtung geschenkt wird."

Wenn Samuel Langhorne Clemens, besser bekannt als Mark Twain, feststellt, „alles, was man im Leben braucht, sind Ignoranz und Selbstvertrauen", so pflichte ich ihm bei, präzisiere aber mit der Ergänzung „für ein kleinkariertes Leben".

Beschlossen und verkündet: „100 Dezibel Lärmbeschallung"

Kurzfassung für den eiligen Leser

Von Dritten erzeugte Geräusche werden manchmal als Lärm wahrgenommen, der belästigende oder sogar gesundheitsschädliche Wirkung haben kann. In seiner wohl extremsten Form stellt sich Lärm als ein Phänomen dar, das – wie ein Strafurteil – eine freiheitsbeschränkende Wirkung hat, weil es z. B. den Grundstücksnachbarn zum Arrest in den eigenen vier Wänden verurteilt, wenn der Rasenmäher nebenan mal wieder nervzerreißend laut knattert. Das dies erlaubt ist, erstaunt, weil Freiheitsstrafen in unserem Rechtssystem üblicherweise nicht nach Lust und Laune von Nachbarn, sondern von Strafrichtern in einem prozessförmigen Verfahren ausgesprochen werden. Als nicht mehr hinnehmbar erscheinen solche Situationen, in denen der vom Nachbarn erzeugte Lärm dazu führt, dass man den selbst fabrizierten Lärm nicht mehr hört.

Der die Freiheit anderer einschränkende Lärm ist mal wieder so ein Phänomen des Alltagswahnsinns, das mit den Mitteln des geschriebenen Rechts nicht mal ansatzweise in den Griff zu kriegen ist.[43]

43 Zu den Grenzen rechtlicher Gestaltungsmöglichkeiten siehe auch unten die durch die soziale Herkunft festgeschriebene Berufswahlschranke bei grundgesetzlich garantierter Wahlfreiheit des Berufs, Seite 84 ff.

Netter Versuch, Herr Gesetzgeber

Obwohl man sagen muss, dass sich der Gesetzgeber durchaus ernsthaft bemüht, das Problem freiheitsbeschränkender Eingriffe durch Lärm in einer fairen Abwägung zwischen den Interessen desjenigen, der den Lärm verursacht und demjenigen, der sich durch den Lärm gestört fühlt, zu lösen.

Zu nennen wären da all die immissionsschutzrechtliche Vorschriften allgemeiner und spezieller Art, die auf der Basis einer Güterabwägung teils mit sehr detailliert verfassten technischen Regelwerken die Grenzen des Zulässigen, in Dezibel definiert, festlegen. Was danach zulässig ist, ist als rechtmäßige Beschränkung der persönlichen Freiheit hinzunehmen.

Freiheitsstrafen durch Hobby-Richter

Im Grunde ist dieses Denkmodell doch schon ziemlich erstaunlich, denn in unserem Rechtssystem ist es allgemein üblich, dass freiheitsbeschränkende Maßnahmen durch Strafrichter verhängt werden, und nicht, um mal ein Beispiel zu nennen, durch den Nachbarn, der mal wieder, am liebsten in der Zeit der Mittagsruhe, mit Benzin getriebenem Rasenmäher, Freischneider, Häcksler oder Laubbläser seinen Garten unter ohrenbetäubendem Lärm in Form bringt und so die Anlieger bei geschlossenen Fenstern zum Arrest in ihren eigenen vier Wänden verurteilt.

Man muss also, so scheint es jedenfalls, nicht unbedingt ein zweites juristisches Staatsexamen abgelegt und zum Strafrichter ernannt worden sein, um de facto Freiheitsstrafen in der nachbarschaftlichen Sphäre zu verhängen, was der von Juristen in diesem Zusammenhang verwendete Begriff „Nachbar-schaft(s)-Recht“ eigentlich auch schon nahelegt, wenn man’s recht bedenkt.

Erweiterter Sanktionskatalog

Manchmal wünscht man sich, dass es im Nachbarschaftsrecht neben der beschriebenen Freiheitsentziehung des Belärmten[44]

44 „Belärmter“, juristischer Fachausdruck, abgeleitet vom niederdeutschen „belämmert“, der die Person kennzeichnet, gegen die in der nachbarschaftlichen Sphäre durch die Entfaltung extrem lauter Geräusche jedweder Art eine freiheitsentziehende Maßregel durch beliebige sich hierzu aufgerufen fühlende Grundstücksnachbarn verhängt wird.

noch andere Sanktionsmöglichkeiten gäbe, die eine abgestufte, am Schweregrad der Verfehlung[45] orientierte Bestrafung zuließen, ganz so, wie im Erwachsenenstrafrecht, das Freiheitsstrafen erst dann vorsieht, wenn eine Geldstrafe etwa wegen der Schwere der Tat oder der schweren Schuld des Täters als unzureichend erscheint.

Auch könnte man, den Gedanken des Jugendstrafrechts folgend, für den nachbarschaftlichen Bereich einen wesentlich erweiterten Sanktionskatalog erwägen, etwa mit milden Erziehungsmaßregeln, wie kostenlose Einladungen zu Grillabenden, oder maßvollen Zuchtmitteln, wie das zeitlich befristeten Abspielen von Helene-Fischer-Liedern oder, bei schwereren Verfehlungen, dem Gedudel eines gewissen Herrn Andreas Gabalier.

Sonderfall: „Kinderlärm"

Die durch spielende Kinder verursachten Geräusche sind von der rechtlichen Betrachtung natürlich ausgenommen, weil sie – juristisch gesehen – gar kein Lärm sind, selbst wenn der nachbarliche Garten, für die Kleinen als Event-Spielplatz mit Schaukel, Trampolin, Rutsche, aufblasbarem Swimmingpool und diversen anderen Spielgeräten aufgerüstet, als täglicher Treffpunkt für eine Schar quietschvergnügter, kommunikativ äußerst aktiver Kinder dient, die so richtig Lust haben, den Sonnentag von frühmorgens bis spätnachmittags – unter sachkundiger Anleitung durch ihre Eltern – auszukosten.

Dem dieser juristischen Bewertung zugrunde liegenden gesetzlichen Leitbild, dass Kinder ihren natürlichen Spieltrieb einschränkungslos ausleben müssen, andernfalls sie keine lebenstüchtigen, vollwertigen Mitglieder unserer Event-Gesellschaft[46] werden, scheinen manche Eltern allerdings nicht voll zu vertrauen. Diese Helikopter-Eltern stellen ihren Kleinen zwar den Spielplatz zur Verfügung, neigen aber dazu, permanent lautstark unter Einsatz von Ge- und Verbotskommandos an die Einhaltung der Spielregeln zu erinnern, diese abzuändern oder neue, manchmal verwirrende Verhaltensanordnungen aufzustellen, die in Widerspruch zu der familienintern ausgegebenen „Allgemeinen Benutzungsordnung" für den

45 Was wirft man mir eigentlich vor?

46 Zur Eventgesellschaft (Folge: Infantilität) siehe unten Seite 152 ff.

Garten stehen. Ich, gedacht als Kleinkind, wäre auch manchmal überfordert, verkneife es mir aber, über den Gartenzaun hinweg Partei zu ergreifen, um die Sache nicht unnötig zu komplizieren.

Was zu viel ist, ist zu viel
Was ich aber unter keinen Umständen hinnehme, sind freiheitsbeschränkende Lärmbeeinträchtigungen, die dazu führen, dass ich den von mir selbst fabrizierten Lärm nicht mehr hören kann. So ist es mir neulich ergangen ist, als ich meinen Garten mit der von Solti dirigierten Parsifal-Aufnahme aus dem Jahr 1972 beschallte, sie ist einfach die beste, die Wiener Philharmoniker voll angriffen und Gottlieb Frick als ein überragender Gurnemanz im dritten Aufzug sang „… Die heil'ge Speisung bleibt uns nun versagt, gemeine Atzung muss uns nähren …“ und just in dem Moment der Rest des Satzes von dem elterlichen Kommando überlagert wurde „Schantalle, komm ma schnell hea, sach Tach bei die Omma!“

Richtig Grüßen, aber wie?

Kurzfassung für den eiligen Leser
Mündliche Begrüßungskonventionen sind regelmäßig langweilige, nicht ernst gemeinte, dümmliche Floskeln, „Mahlzeit“ oder „Tach auch“ werden häufig deplatziert verwendet, wie etwa ein „Frohes Neues Jahr“ zur Osterzeit, und bergen zudem die Gefahr in sich, Missverständnisse schon beim ersten Kontakt zwischen Menschen auszulösen, also das Gegenteil dessen zu bewirken, was sie leisten sollen, nämlich Menschen einander näherzubringen. Diese Gefahren sind den Grußpartnern bekannt, entsprechend groß ist die Verunsicherung beim Austausch verbaler Grußadressen. Die Verunsicherung lässt sich aus meiner Sicht nur dadurch abstellen, dass wir vollständig auf verbale Ehrerbietungsrituale verzichten und die Kontaktaufnahme zur Außenwelt auf vollkommen neue Füße stellen.[47]

---

47 Zum Versuchscharakter verbaler Kommunikation siehe auch oben Seite 22 ff.

Wenn ich in meinem – aus werblichen Gründen schon mehrfach erwähnten – Erstlingswerk bei einigen Lesern den Eindruck erweckt haben sollte, Küssen sei ein universal bevorzugtes, rechtlich unbedenkliches Begrüßungsritual[48], so ist das ein Missverständnis. Ich erwähne dies deshalb, weil mich aus dem Leserkreis Zuschriften erreichten, die von hohen Geldstrafen, ja Gefängnisaufenthalten an unwirtlichen Orten mit – allerdings als maßvoll zu bezeichnenden – Folterungen berichteten, wie im Fall des von der Schönheit einer tief verschleierten Dame überwältigten Urlaubers B.-I. R. aus NE, der sich und eine ihm unbekannte verheiratete Frau beim Aussteigen aus der Teheraner U-Bahn mit einem eineinhalb minütigen Zungenkuss beglückte, den die lokale juristische Instanz nicht nur als unpassend, sondern als strafbar bewertete.

Um der allgemein spürbaren Verunsicherung vorzubeugen, die mit peinlichen Situationen bei der Begrüßung Dritter verbunden sein können und auch, um sich der möglicherweise daraus entstehenden strafrechtlichen Folgen bewusst zu werden, erlaube ich mir, Sie mit einigen aktuellen national und international gebräuchlichen Standards dieser bei näherer Betrachtung doch recht kodifizierten zwischenmenschlichen Interaktion bekanntzumachen.

„Wat is'ne Dampfmaschin'"

Um Ihre Interaktionskompetenz beim Grüßen auf ein zumindest strafrechtlich unbedenkliches Niveau anzuheben, müssen wir uns zunächst mit den theoretischen Grundlagen des Grüßens vertraut machen.

Die hierzu vorliegenden soziologischen Erkenntnisse lassen sich – jedenfalls für den Alltagsgebrauch – zu einem Satz verdichten: Der eine Interaktion zwischen zwei oder mehreren Menschen einleitende Gruß, gleichermaßen der Abschied(-sgruß), ist ein Ehrerbietungsritual im Rahmen einer sozialen Begegnung, die den für diesen Anlass geltenden zeremoniellen Gepflogenheiten der Gesellschaft oder einer zu ihr gehörenden Gruppe, also speziellen kulturellen Standards, folgt, die im Zeitablauf variieren können, wenn sich die Anforde-

48 Hier noch einmal zur Erinnerung: Greck, Rein rechtlich ist das alles kein Problem, 2015, Seite 136 ff. (Kuss-Knigge, kleiner).

rungen an Benehmen, Etikette usw. verändern, was das Risiko, ins Fettnäpfchen zu treten, signifikant erhöht.

Die Variablen sind das Problem
Was eine sozial verträgliche, der jeweiligen Gesellschaft oder Gruppe in der Gesellschaft angemessene Gruß-Performance so erschwert, sind die Variablen: Die unterschiedliche Grußkonventionen der verschiedenen Kulturkreisen zugehörigen Gesellschaften (1. Variable), die teilweise doch sehr besonderen Grußformen der Gruppen innerhalb einer Gesellschaft (2. Variable) und die Veränderung kultureller Standards zu den erst- und zweitgenannten Variablen im Zeitablauf (3. Variable).

Beispiel
Ein einfaches alltagstaugliches Beispiel soll das Gemeinte verdeutlichen: Der von Papst Gregor VII. mit seinem „Dictatus Papae“ im Jahr 1075 bei der Begrüßung durch Fürsten, Könige und Kaiser als Ehrerbietungsritual eingeführte Fusskuss, der seitens des Papstes übrigens mit einem „Friedenskuss“ erwidert wurde, ist während des Pontifikats von Papst Johannes XXIII. (1958—1963) abgeschafft worden. D. h., die in der christlich-europäischen Gesellschaft (1. Variable) besondere Grußform innerhalb der Gruppe „Papst/Fürsten, Könige, Kaiser“ (2. Variable) ist infolge der im Zeitablauf veränderten kulturellen Standards (3. Variable) obsolet geworden. Das muss man wissen, wenn man zu dieser sozialen Gruppe zählt.

Es wäre nach den heute geltenden Konventionen mithin ein schlimmer Fauxpas, wenn sich z. B. der König von Schweden, Carl XVI. Gustav, bei einem Treffen mit dem amtierenden Heiligen Vater Franziskus diesem vor die Füße würfe. Heute genügt eine rein verbale Ehrerbietungsgeste, die protokollarisch korrekt „Euer Heiligkeit“ bzw. „Heiligkeit“ lautet. Das von Katholiken häufig verwendete „Heiliger Vater“ entspricht zwar nicht der geltenden päpstlichen Grußkonvention, ist aber als Anrede für das Oberhaupt der römisch-katholischen Kirche – jedenfalls für Katholiken – noch gerade so erlaubt, offiziell zugelassen hingegen für den Dalai Lama und den koptischen Papst, während Sie die Patriarchen der Ostkirchen bitte mit „Euer Seligkeit" ansprechen. Die Anrede „Euer Rührseligkeit" gebührt hingegen einzig und allein dem Weltmeister der Konditoren Bernd Siefert, der in Michelstadt, Rheinland-Pfalz, residiert.

Interaktionskompetenz-Test

Nach so viel Theorie wollen wir nun Ihre Interaktionskompetenz testen. Hierzu habe ich einen „Begrüßungskompass" entwickelt, mit dem Sie die im Anschluss an die Tabelle gelisteten Begrüßungsformeln den Grußgesellschaften zuordnen, die unter der fortlaufenden Nummerierung genannt werden. Die Lösung decken Sie bitte vorher mit einem Blatt Papier ab.

Bitte berücksichtigen Sie bei der Zuordnung der Begrüßungsformel die Hilfsmittel, die ich Ihnen weiter oben im Text zur Verfügung gestellt habe: Die abstrakte soziologische Ausgangslage zu Begrüßungsritualen, die drei Variablen, die uns in der Praxis immer so viel Kopfzerbrechen bereiten. Auch mag Ihnen das vorstehende Beispiel den ein oder anderen Fingerzeig geben.

Grußgesellschaft	**Zuordnung Begrüßungsformel** (Bitte den dazugehörigen Buchstaben aus der Liste unten einsetzen)
1.Schwaben	
2. Südtribüne im Signal Iduna Park	
3. Jedis	
4. Seahaven	
5. Osterhase	
6. Ärzte	
7. Surfer	

8. Karnevalisten	
9. Trickfilm-Fans	
10. Krimischriftsteller	
11. Terminatoren	
12. Cops	
13.Verliebte	
14. Honigesser	
15. Schülerinnen	
16. Schlagerfans	
17. E-Mail-Nutzer	
18. Indonesier	

Begrüßungs-, Abschiedsformeln:
A. Hi, **B.** Hallo, I love You (Song der Doors), **C.** Guten Morden, **D.** Zimmermän, Du Ei, **E.** Good Day, Sunshine (Song der Beatles), **F.** Leck mich am Arsch, **G.** Und immer schön fröhlich bleiben (Schweinchen Dick), **H.** Möge die Macht mit dir sein, **J.** Schon geduscht? **K.** Good Morning Little Schoolgirl (Song der Ten Years After), **L.** You'll never walk alone (gesungen nach der Melodie des Hits von Gerry & The Pacemakers), **M.** Buenos Aires, **N.** Hasta la vista, Baby, **O.** Na, wie geht's uns denn heute? **P.** O, und falls wir uns nicht mehr sehen: guten Tag, guten Abend und gute Nacht!, **Q.** Yippie Yah Yei, Schweinebacke, **R.** Shaka-Gruß, **S.** Hallo again (Song von Howard Carpendale).

Lösung: 1/F, 2/L, 3/H, 4/P, 5/M, 6/O, 7/R, 8/D, 9/G, 10/C, 11/N, 12/Q, 13/B, 14/E, 15/K, 16/S, 17/A, 18/J.

Ihr individuelles Interaktionspotenzial (Bewertung):

18 - 16 Punkte: Sie können sich als ausgewiesener Kenner intra- und interkultureller Begrüßungszeremonien unbesorgt in die Welt hinauswagen. Dass Sie auch den Song von Howard Carpendale richtig zugeordnet haben, sollte Ihnen jedenfalls dann keine Sorgen bereiten, wenn Sie das Ergebnis – als letzten Punkt auf Ihrer Liste – im Ausschlussverfahren gefunden haben.

15 - 10 Punkte: Na ja, Sie kennen das ja schon aus der Schule. Auch bei diesem Test haben Sie Ihre Standardbenotung erreicht, ein „Befriedigend mit Rücksicht auf die Eltern". Kontakt zu Terminatoren sollten Sie im eigenen Interesse meiden, für das von Ihnen dieser Gruppe zugeordnete „Good Morning Little Schoolgirl" können Sie auch schon mal terminiert werden, was so endgültig ist wie es klingt.

9 - 5 Punkte: Sie sollten nur von Zeit zu Zeit Ihre Höhle verlassen, um die Gesellschaft anderer Menschen zu suchen. Wenn Sie dies tun, steuern Sie bitte nur die vorher von Ihnen definierten Orte an und informieren Sie sich zuvor eingehend über die Gepflogenheiten der dort agierenden sozialen Gruppen, mit denen Sie Kontakt aufnehmen wollen. Notieren Sie sich sicherheitshalber die wichtigsten Fakten auf einem Spickzettel, den Sie bei Bedarf schnell zu Rate ziehen können. Werden Sie auf dem Weg zu Ihrem Ziel von Dritten auf der Straße angesprochen, antworten Sie unter keinen Umständen. Ein freundliches „Entschuldigung, aber ich bin in großer Eile" reicht in diesen Fällen vollkommen aus. Halten Sie auch diesen Satz auf Ihrem Spickzettel fest!

4 - 0 Punkte: Sie sind zu einem Leben in Einsamkeit verdammt. Schon die Kontaktaufnahme mit anderen Menschen bereitet Ihnen offensichtlich große Probleme, an ein Gespräch sollten Sie erst gar nicht denken. Wahrscheinlich sind Sie schon an der leichtesten Aufgabe, der Zuordnung der richtigen Begrüßungsformel zur gesellschaftsrelevanten Gruppe der Stehplatzbesucher auf der Südtribüne des Signal Iduna Parks, gescheitert, was Ihre eklatante Unfähigkeit, sich sozial adäquat zu verhalten, eindrucksvoll belegt. Sie bleiben also besser ganz für sich oder bewegen sich ausschließlich im Kreis der Ihnen vertrauten Vollpfosten, denen ein „Moin, Moin" oder „Mahlzeit" als (Abschieds-)Gruß genügt.

Risikominimierung
Der im Vorfeld der Veröffentlichung meines kleinen Ratgebers durchgeführte Interaktionskompetenz-Test im Freundeskreis hat gezeigt, wie risikobehaftet scheinbar einfachste mündliche Begrüßungsrituale sein können. In Erinnerung bleibt mir in diesem Zusammenhang der Fall eines gewissen B. B. aus H., ein charakterlich ansonsten eher zurückhaltender Typ, der sich, beflügelt durch den Abschluss des Tests mit der Höchstpunktzahl und euphorisiert durch den sich daran anschließenden Konsum einer nicht ganz unbedeutenden Menge Pils in der Holzwickeder Kneipe „Hoppys Treff" dazu hinreißen ließ, die am Tresen auf die Übertragung des BVB-Heimspiels gegen den FCB wartenden, in schwarz-gelbe Trikots und Schals gewandeten Fußball-Fans mit dem Vereinslied der Balltreter aus der Verbotenen Stadt, „Blau und Weiß, wie lieb' ich dich", zu begrüßen. Von der für ihn zuständigen Nachtschwester auf der Intensivstation des nahegelegenen Katharinen-Hospitals in Unna nach dem Ergebnis des Spiels befragt, musste er passen. „Ich habe nicht einmal den Anstoß gesehen."

Es waren wieder einmal die Variablen, die Probleme gemacht hatten! Zwar hatte B. B. aus H. die durch das Absingen der aktuellen Version des Vereinslieds eines Fußballvereins die in unserer Gesellschaft verbreitete Grußkonvention bei Fußball-Live-Übertragungen beachtet und damit die Variablen 1 und 3 im Blick behalten. Er hatte dabei jedoch die Variable 2, die besondere Grußform der Gruppe innerhalb einer Gesellschaft, außer Acht gelassen.

Flaggensignale
Um der durch verbale Begrüßungsrituale immer wieder entstehenden Verunsicherung, Missdeutungen und ihren Folgen auszuweichen, den Alltagswahnsinn also aus diesem Bereich des menschlichen Miteinander auszublenden, empfehle ich, generell auf mündliche Begrüßungsbräuche zu verzichten.

Versuchen Sie es doch einfach mal mit der in der Seefahrt verwendeten Signalflagge „Ich will Kontakt mit euch aufnehmen" und zeigen Sie Ihrem Gegenüber eine kleines Stück Tuch, dessen linke Hälfte gelb und rechte Hälfte blau ist. So etwas kann man bequem in der Hosentasche transportieren.

Neulich hielt mir jemand auf meinen Flaggengruß eine Signalflagge in der Farbe gelb mit einem mittig platzierten schwarzen Punkt entgegen. Das ist natürlich Quatsch, denn „Ich laufe nach backbord“ macht hier einfach keinen Sinn. Wahrscheinlich meinte er „Vorsicht Seeschlange“: gelber Hintergrund mit schwarzer Wellenlinie im unteren Drittel der Flagge. Er hatte wohl in die falsche Hosentasche gegriffen.

Freilaufende Voyeure auf der Autobahn

Kurzfassung für den eiligen Leser

Es wird immer wieder behauptet, der Mensch unterscheide sich vom Tier u. a. dadurch, dass er als ein durch Erziehung und Kultur in moralischer Hinsicht geläutertes Wesen die in der menschlichen DNA verankerten Instinkte, die sich bekanntlich nicht immer vorteilhaft auf das friedvolle Miteinander auswirken, im Zaum halten könne, manche Biologen behaupten sogar, die Moral selbst sei ein angeborener Instinkt. Dies mag ja alles im Großen und Ganzen zutreffend sein, richtig ist aber auch, dass uns Instinkte immer wieder so in ihren Bann ziehen, uns derart dominieren können, dass wir uns plötzlich in eine moralische Wüste hineingestellt sehen. Die Rede ist hier von Verkehrsunfällen, die uns regelmäßig gaffen lassen wie die Affen.

Wenn der Science-Fiction-Schriftsteller Andy Weir in seinem Buch „Der Marsianer – Rettet Mark Watney“, jetzt auch verfilmt mit Matt Damon in der Hauptrolle, den in einer extrem kostenaufwändigen und halsbrecherischen Aktion vor dem Tod im All bewahrten Astronauten feststellen lässt, seine Rettung verdanke er letztlich dem tief in der Seele des Menschen verankerten „Urinstinkt, einem anderen Menschen in Not zu helfen“, so ist das nur die halbe Wahrheit – da sind nämlich noch, so Weir, die „Arschlöcher, denen alles egal ist“[49].

Gaffen, das neue Helfen?

Das ist wohl richtig beobachtet, denn bekanntlich bleibt oftmals die Anteilnahme an einem schweren Schicksal eines Mit-

49 Ebenda Seite 508.

menschen im Stadium der ausführlichen Begutachtung und Dokumentation der misslichen Situation stecken, ohne dass ein Hilfereflex ausgelöst wird, wodurch der Betrachter der Situation seinen durchaus möglichen Heldenstatus verliert und abrupt in die Rolle des Gaffers, des Voyeurs abrutscht, der etwa die Bergung des Opfers bei einem Verkehrsunfall dadurch erschwert, dass er mit seinem Smartphone Fotos schießt von einem bewegungslosen, im Autowrack eingeschlossenen, halb zerquetschten Körper – zur Befriedigung seiner eigenen Neugier und der seines „Freundeskreises" auf Facebook & Co.

Wer jetzt erschreckt ausruft, „das bin nicht ich", möge sich einmal selbst prüfen, ob er nicht auch schon einmal beim Passieren eine Unfallstelle auf der Autobahn langsamer als erforderlich gefahren ist und seinen Blick von den ineinander verkeilten Autos und den herumliegenden Trümmerteilen kaum abwenden konnte. Der österreichische Liedermacher Rainhard Fendrich hat das Gaffer-Szenario einst in seinem Song „Es lebe der Sport" treffend u.a. so beschrieben: „Explodieren die Boliden/Ist das Publikum zufrieden/Weil ein flammendes Inferno/Schaut man immer wieder gern a...".

Nicht in dieses Verhaltensschema passt allerdings die Gruppe der Senioren, die aufgrund körperlicher Einschränkungen ihren Kopf meist nur noch bis zu einem Winkel von 30 - 40 Grad zur Schulter wenden können, was nicht nur das Rückwärtseinparken, sondern auch krankhaft-kontemplatives Verhalten der beschriebenen Art unmöglich macht bzw. so erheblich erschwert, dass man, um die Konsultation eines Orthopäden zu vermeiden, gleich ganz davon absieht.

Selbst im Tierreich

Dieser Glotztrieb, den Psychologen und Soziologen an dem dem Menschen eigenen Merkmal der natürlichen Neugier und des Lustgewinns durch die Betrachtung des Leids anderer – bei eigener körperlicher Unversehrtheit selbstverständlich – festmachen, ist nicht auf den homo sapiens sapiens beschränkt.

Betrachten wir kurz die zur Zeit der Römer „Camelopardalis" genannten Paarhufer, die Ihnen wahrscheinlich unter der Bezeichnung „Giraffe" besser bekannt sind. Diese stattlichen Tiere sind bekanntlich extrem neugierig, was im Lauf einer längeren evolutionären Entwicklung dazu geführt hat, dass die vom Okapi abstammende Tierart, das Letztgenannte ist heute nur noch vereinzelt als kleinwüchsige sogenannte Waldgiraffe zu beobachten, ihre Halslänge und damit Körpergröße auf bis zu 6 m steigern konnte und den Wechsel ihrer Beobachtungsposten mit Spitzengeschwindigkeiten bis zu von 55 km/h vornimmt, um nur ja nichts zu verpassen, was so täglich in der Savanne an Katastrophen passiert. Echte „rasende Reporter“ eben, deren Reisereportagen für alle Savannenbewohner zur Meinungsbildung ebenso unverzichtbar sind, wie es die Reportagen eines gewissen Egon Erwin Kisch für die Intellektuellen zu Zeiten der Weimarer Republik waren.

Und wenn Sie mal aus erster Hand hören wollen, was so abgeht, wenn ein Löwe wieder einmal einen Auffahrunfall mit einem Zebra provoziert hat, dann fragen Sie einfach eine der Giraffen in Ihrem städtischen Zoo. Das können Sie beruhigt tun, denn Giraffen haben ein kollektives Gedächtnis, das sie mit allen Informationen füllen, die sie über ihre beiden oben am Kopf sitzenden Kurzwellenantennen[50], die als zapfenartige Hörner ausgeformt sind, vom weltweit verstreuten Giraffenschwarm empfangen, was Sie vielleicht noch nicht wussten.

Gaffen wie die Affen

Der menschliche Glotztrieb wird neben den genannten Ursachen, darin sind sich die Politiker, die auf Abhilfe sinnen, einig, auch durch die Nachrichtenfunktion der Sozialen Netzwerke[51] und die Informationszuträger befördert, die als sog. Leserreporter für „Bild“, „Stern“ oder andere sensationslüsterne Medien auf der Jagd nach möglichst schaurigen Bildern von Unfallorten sind, die sie dann zu Minipreisen an die Redaktionen verhökern, damit wir, die Leser, unseren Instinkten folgend weiter gaffen können wie die Affen.

Und da die zwölf mobilen Sichtschutzsysteme, die die nordrhein-westfälische Landesregierung im April 2015 zum Preis von 500.000 € aus Bundesmitteln angeschafft hat, um die Opfer an den Unfallstellen auf den Autobahnen vor dem Blick der sensationsgierigen Gaffer und Gelegenheits-Leserre-

---

50 Sie kennen das noch von Ihrem Handy der ersten Generation.

51 Zur Netzhetze in den Sozialen Netzwerken siehe unten Seite 127 ff.

porter zu schützen, nicht mehr ausreichen, um das Phänomen des Rudelgaffens in den Griff zu bekommen, hat die Landesregierung Niedersachsen, sachverständig unterstützt durch das Land Nordrhein-Westfalen, im Bundesrat eine Initiative eingebracht, die die Behinderung von Rettungsarbeiten und das Anfertigen von Fotos toter Unfallopfer mit Geld- und Haftstrafe sanktioniert.

Sightseeing-Pfade für Katastrophen-Touristen

Das alles ist gut gemeint, doch mit gesetzlichen Sanktionen lässt sich die Neugier als ein im Menschen tief verankerter Naturtrieb nicht bekämpfen, denn instinkthaftes Verhalten bricht sich außerhalb der gedanklichen Kontrolle als ein Handeln ohne Denken Bahn.

Dieser Meinung ist auch die Katastrophenforschungsstelle des Instituts für Soziologie an der Christian-Albrechts Universität zu Kiel, die sich als einzige Einrichtung in Deutschland seit mehreren Jahrzehnten mit der Rolle von Helfern, Opfern und dem Gaffer-Phänomen unter wissenschaftlichen Gesichtspunkten befasst. Dr. Wolf Dombrowsky, der Leiter der Katastrophenforschungsstelle, empfahl schon 1998 im Nachrichtenmagazin „Der Spiegel“[52] Maßnahmen der Einsatzkräfte vor Ort, die den Katastrophen-Touristen die Möglichkeit geben, ihre Schaulust geordnet zu befriedigen, d. h. freundlich auf sie zuzugehen, ihr Glotzbedürfnis zu akzeptieren und auch die Schauplätze teilweise zur Besichtigung freizugeben – ob mit oder ohne ortskundigen Fremdenführer, hat er nicht gesagt.

Nun ja, aber, haben Sie eine bessere Idee? Das Gaffen scheint auch wieder so ein Fall zu sein, in dem der Instinkt die Moral dominiert. Wie konstatierte schon Bertolt Brecht – so oder so ähnlich – desillusioniert in seiner „Dreigroschenoper“: Erst kommt das Glotzen, dann die Moral.

Revierverhalten beim Autofahren

Kurzfassung für den eiligen Leser

Auf Deutschlands Straßen kochen unter Autofahrern die Aggressionen hoch. Schuld daran ist der sich wegen der

52 Der Spiegel, Ausgabe 3/1998.

zunehmenden Zahl der Kraftfahrzeuge verknappende Verkehrsraum, der von den Straßenverkehrsteilnehmern als ihr persönliches, mit Klauen und Zähnen zu verteidigendes Revier gesehen wird. Selbstverständlich gibt es Mittel und Wege, sich gegen die Aggressivität der anderen zu schützen – am besten durch den sofortigen freiwilligen Verzicht auf die Fahrerlaubnis.

Verkehrssicherheitsexperten und Unfallforscher führen die in einer Umfrage für den Verkehrssicherheitsrat festgestellte zunehmende Aggressivität der Autofahrer auf Deutschlands Straßen primär darauf zurück, dass wegen der seit 2006 um 1,5 Mio. auf 61,5 Mio. im Jahr 2016 angestiegenen Anzahl der Kraftfahrzeuge die Autofahrer immer weniger Platz im Verkehrsraum vorfinden, den es mit allen zur Verfügung stehenden Mitteln wie Drängeln, Rasen, Hupen, Stinkefinger etc. oder gar Handgreiflichkeiten zu verteidigen und auszubauen gilt.

Revierverhalten

Diese Form der Territorialverteidigung gehört bei Tieren, aber auch beim Menschen zu den fundamental wichtigen Bausteinen des Sozialverhaltens, das bekanntlich dazu dient, das eigene Revier gegen Nahrungs- und Sexualkonkurrenten der gleichen Art abzugrenzen und zu behaupten und so, ein netter evolutionärer Nebeneffekt, die eigene Art über eine möglichst große Fläche zu verteilen.

Anders als bei Tieren scheint der Auto fahrende Mensch allerdings kein sogenanntes Streifgebiet zu kennen, das, weil man sich dort nur zeitweise aufhält, nicht mit den beschriebenen Rüpeleien gegen Artgenossen verteidigt wird. Für den Autofahrer gilt offensichtlich die Formel: Streifgebiet = Reviergebiet, mit den beschriebenen Auswüchsen, zu denen sich selbstbewusst immerhin 44 % der Männer und, man staunt nicht schlecht, 39 % der am Steuer sitzenden Frauen bekennen, die, so die Experten, zudem Lebensstress, Zeitdruck, zunehmender Egoismus und fehlende Empathie im Verkehrsalltag immer öfter ausrasten lassen.

Stimmt!
Unter dem Aspekt des sozialwissenschaftlich erklärbaren Territorialverhaltens habe ich als Autofahrer den täglichen Kampf ums Überleben auf unseren Straßen noch nie gesehen. Okay, ich bin also ein Nahrungs- und Sexualkonkurrent, den andere Autofahrer instinktiv von der Straße mobben, weil sie ihr Revier gegen mich verteidigen. Nahrungskonkurrent, das trifft mit Sicherheit zu, die Einstufung als Sexualkonkurrent überrascht mich jetzt allerdings doch ein wenig – wahrscheinlich wirken da bei dem ein oder anderen noch Erinnerungen aus den Jahren 1968 ff. nach.

Alles in allem: Da die sozialwissenschaftliche Theorie vom Territorialverhalten auch die im Verkehrsalltag zu beobachtende Abgrenzung des Reviers durch Duftmarken (durchdrehende, qualmende Reifen)[53] und optische (Lichthupe, Stinkefinger) bzw. akustische (Hupen, Blöken durch das geöffnete Seitenfenster) Signale erklären kann, bin ich geneigt, ihr zu folgen.

Schutzmaßnahmen
Wenn aber nun alles so unabwendbar ist, wie es den Anschein hat, wie verhält man sich dann als Autofahrer, wenn sich alle anderen Straßenverkehrsteilnehmer so gerieren wie Fledermäuse, von denen Naturwissenschaftler behaupten, dass die Männchen entweder ein großes Gehirn oder große Hoden haben – beides zusammen geht nicht – und sich Ihnen in den letzten Jahren der nicht unbegründete Verdacht aufgedrängt hat, es wären mittlerweile zu viele Fledermäuse mit großen Hoden auf Deutschlands Straßen unterwegs?

Nun, zunächst könnte man daran denken, das Auto an allen vier Seiten mit Aufklebern zu bepflocken, die deutlich sichtbar die Botschaft „Kein Nahrungs- und Sexualkonkurrent!" tragen. Damit setzen Sie für Ihre Konkurrenten ein

53 Das Setzen von Duftmarken empfiehlt Walter Moers in seinem Cartoon „Schöner Leben mit dem kleinen Arschloch" im Kapitel „Sex" übrigens auch bei der Vorbereitung des Geschlechtsverkehrs: „Führen Sie die Frau in ein Restaurant. Sobald Sie am Tisch sind, setzen Sie Ihre Markierung, indem Sie rund um den Platz der Dame urinieren. Damit haben Sie Ihre Besitzansprüche angemeldet und Ihr Revier festgelegt. Treten und beißen Sie jeden, der es verletzt …"

deutliches Zeichen, auf reflexhaftes Revierverhalten in Ihrem Fall zu verzichten. Ob es allerdings von allen Fledermäusen mit großen Hoden richtig interpretiert wird, ist nicht sicher.

Als Alternative bietet sich der völlige Verzicht auf Fahrten bei Tageslicht an und stattdessen die Benutzung ausgewählter Routen in der Zeit zwischen zwei und vier Uhr in den Morgenstunden. Eine gute Lösung, jedenfalls für Rentner, die in der Regel früh auf den Beinen sind, weil sie tagsüber immer mal wieder eine Schlafpause einlegen.

Der Königsweg

Der Königsweg ist sicherlich der freiwillige Verzicht auf die Fahrerlaubnis durch Rückgabe des Führerscheins an die Straßenverkehrsbehörde, der den Senioren manchenorts durch die befristete kostenlose Nutzung eines Monatstickets im ÖPNV versüßt wird. Bedenken Sie nur: Sie entfliehen damit dem Alltagswahnsinn der Aggression, denen sich Autofahrer täglich aussetzen. Auch die auf Kundenparkplätzen vor Einkaufscentern von anderen Verkehrsteilnehmern, die für die Konservierung ihres Schadensfreiheitsrabatts einen Mord begehen würden, an Ihrem Auto angerichteten, unreguliert gebliebenen Blechschäden sind für Sie ab sofort kein Thema mehr.

Und an den High-Speed-Rennen auf dem City-Wall können Sie immer noch teilnehmen. Ihr Auto haben Sie ja noch, und um mal wieder inmitten ahnungsloser Straßenverkehrsteilnehmer mit einem aufgepimpten Bulliden zu racen, benötigen Sie, wie viele Ihrer Sportkollegen, nun wirklich keinen Führerschein.

MANN-FRAU-BEZIEHUNG

Geschlechtsspezifische Wahrnehmungszeitfenster

Kurzfassung für den eiligen Leser

Wenn Männergehirne die Zeit messen, registrieren sie die Gegenwart, in der über das Abspeichern oder Verwerfen einer Information entschieden wird, als eine – bis zum Hirntod – unendlichen Abfolge von Drei-Sekunden-Wahrnehmungszeitfenstern. Frauengehirne definieren die Gegenwart hingegen nicht statisch, sondern flexibel – mal weniger, mal mehr als drei Sekunden. Die hierdurch ausgelösten Kommunikationsprobleme zwischen den Geschlechtern können sich schnell zu echten Beziehungskrisen entwickeln, die die Fortführung einer Zweierbeziehung gefährden bzw. unmöglich machen.

Haben Sie sich auch schon einmal die Frage gestellt, vielleicht einfach „nur so", um Ihr Zeitgefühl zu testen, wie lang eigentlich die Gegenwart dauert, um ausgehend von diesem Wert der Zukunft und der Vergangenheit ihren Platz auf einer für Sie als verbindlich geltenden Zeitschiene zuzuweisen – zu Ihrer persönlichen Orientierung? Eine Sekunde, eine Stunde, einen Tag oder gleich mehrere? Wenn Sie keine spontane Antwort parat haben, müssen Sie nicht gleich einen Arzt aufsuchen, weil Sie befürchten, irgendetwas stimme nicht mit Ihrem Zeitmessorgan. Sie haben nämlich keines; die anderen übrigens auch nicht.

Die Frage, wie weit das Zeitfenster der Gegenwart geöffnet ist, ist beileibe nicht rein philosophischer Natur. Es wäre für Sie auch aus einem anderen Grund wichtig, zu wissen, welchen Zeitraum die von Ihnen definierte Gegenwart umschließt, es sei denn, Ihnen sind Beziehungsprobleme zum anderen Geschlecht schnuppe. Dann können Sie dieses Kapitel überspringen.

Gegenwart für Männer

Für Männergehirne, so hatte es der inzwischen emeritierte Hirnforscher Ernst Pöppel schon schon vor Jahren herausgefunden, dauert die (sich ständig neu schaffende) Gegenwart genau drei Sekunden[54] – jeweils aufgesplittet in eine Kette von Intervallen mit einer Länge von 30 Millisekunden. Innerhalb dieses Drei-Sekunden-Zeitfensters entscheidet das männliche Kurzzeitgedächtnis, ob es die aufgenommenen Informationen abspeichert oder verwirft. Sich dies bewusst zu machen, ist extrem wichtig. Denn ohne eine vom Gehirn weiterverarbeitete Gegenwart haben Sie keine Vergangenheit, an die Sie sich in der Zukunft erinnern können, was nicht ohne Auswirkungen z. B. auf Ihre Problemlösungskompetenz in der zukünftigen Gegenwart bleibt, denn (abgespeichertes) Wissen ist eine wichtige Voraussetzung z. B. für Kreativität. Mit anderen Worten, Sie verbauen sich Ihre Zukunft, wenn Sie nicht für eine vorausschauende Informationsverarbeitung in der Gegenwart sorgen! Das ist das eine, das ich Ihnen zu diesem Thema unbedingt sagen wollte.

Gegenwart für Frauen

Frauengehirne funktionieren mit Blick auf den Gegenwarts-Modus anders, was wohl genetisch bedingt ist. Auch dies ist eine Erkenntnis Ernst Pöppels, allerdings neueren Datums, entstanden bei Experimenten in China, wohin es den inzwischen 75-jährigen unverändert neugierigen Forscher verschlug, der als älterer Wissenschaftler in Deutschland den Eindruck gewonnen hatte, jüngeren Kollegen nur noch im Wege zu stehen. Pöppel hat bei seinen Experimenten an chinesischen Probandinnen entdeckt, dass das Zeitfenster für Wahrnehmungen, also die Dauer der Gegenwart, in der das Gehirn entscheidet, was mit den aufgenommenen Informationen geschieht,[55] bei Frauen variabler ist als bei Männern und deutlich um den maskulinen statischen Drei-Sekunden-Wert herum streut – also mal kürzer, mal aber länger ist.

Wahrnehmungsdifferenzen

Diese Auseinanderdriften der Wahrnehmungsintervalle bleibt nicht ohne Auswirkungen auf die Kommunikation zwischen

54 An die sich permanent weitere drei Sekunden anschließen, in denen sich das Gehirn fragt, was es Neues gibt – bis der Hirntod das Ganze stoppt.

55 Siehe oben.

Mann und Frau, worauf ich Sie ebenfalls hinweisen will, damit Sie die hieraus entstehenden Beziehungsprobleme schnell erkennen und lösen können, soweit das überhaupt möglich ist. Zwei Beispiele sollen das Gemeinte verdeutlichen. Ich habe sie der besseren Orientierung wegen auf einem vier Sekunden langen Zeitstrahl abgebildet.

Vorausgeschickt dies: Auffällig ist, dass die unterschiedlich lange Zeit der Wahrnehmung der Gegenwart nur in zwei Fällen zu echten Kommunikationsproblemen zwischen den Geschlechtern führt, nämlich dann, wenn der männliche Sender eine längere Information an eine Frau mit kurzem Wahrnehmungshorizont (im Beispiel zwei Sekunden) schickt und dann, wenn sich eine Frau mit langem Wahrnehmungshorizont (im Beispiel vier Sekunden) an einen Mann wendet.

Im Einzelnen:

Zeitstrahl	1 Sekunde	2 Sekunden	3 Sekunden	4 Sekunde
Mann sagt:	**Könntest Du mal …**	**… in den Keller gehen...**	**… und mir bitte eine Flasche Bier holen?**	
Frauengehirn mit **kurzem** Wahrnehmungshorizont (WNH), 2 Sek.	Könntest Du mal …	… in den Keller gehen.		
Frauengehirn mit **langem** WNH (4 Sek.)	Könntest Du mal …	… in den Keller gehen …	… und mir bitte eine Flasche Bier holen?	?
Frau (4 Sek. WNH) sagt:	**Ich glaube …**	**… ich kann nicht...**	**… ohne Dich leben …**	**… werde es aber demnächst einfach mal versuchen.**
Männergehirn (WNH 3 Sek.)	Ich glaube …	… ich kann nicht …	… ohne Dich leben.	

Erläuterung:
Der vom Mann im vorangestellten Beispiel benutzte Satz[56] wird von der Frau mit dem Zwei-Sekunden-WNH verkürzt aufgenommen und deshalb gründlich missverstanden. Sie fasst ihn nicht als freundliche Bitte auf, wie üblich für Nachschub beim Gerstensaft zu sorgen, sondern als Aufforderung, die Wohnung zu verlassen und sich in den Keller zu begeben. Dieses Missverständnis muss nicht, kann aber zu zwischenmenschlichen Problemen in einer Zweierbeziehung führen. Anders die Frau mit dem Vier-Sekunden-WNH, sie hat keine Probleme die Botschaft des Mannes aufzunehmen und sogar (in der vierten Sekunde ihrer Gegenwart) wertend zu betrachten, was ich mit dem abgebildeten Fragezeichen verdeutlicht habe.

Kein bloßes Missverständnis, sondern eine diametrale Verkehrung der Botschaft in ihr Gegenteil zeigt eindrucksvoll das zweite Beispiel[57], in dem sich eine Frau mit einem Vier-Sekunden-WNH an den Mann wendet. Der Mann, gefangen in seiner Drei-Sekunden-Gegenwart, versteht die Botschaft verkürzt fälschlicherweise nicht als Ankündigung der Frau, ihn demnächst zu verlassen, sondern als das genaue Gegenteil, nämlich als einen Liebesbeweis. Den Teil der Botschaft, der die Kernaussage der Frau trägt[58], nimmt er erst isoliert in der sich für ihn anschließenden Drei-Sekunden-Gegenwart zur Kenntnis und verwirft ihn als bedeutungslos, weil er isoliert betrachtet keinen Sinn ergibt. Auch diese Zweierbeziehung ist wegen der zwischen Mann und Frau unsynchronisierten Wahrnehmung der Gegenwart prekär.

Ausweg: Synchronisation der Gehirne?
Kein Zweifel, gelänge es, die, wie gezeigt, statische Gegenwart der Männer mit den – je nach Gehirntyp – variablen Gegenwarten der Frauen zu synchronisieren, könnte man das Problem der gentypisch bedingten Kommunikationsdefizite als teilweise gelöst ansehen und sich ganz auf die Beseitigung der durch Sprache und Bilder ausgelösten kommunikativen

56 Halbfette Schrift.
57 Ebenfalls halbfette Schrift.
58 … werde es aber demnächst einfach mal versuchen.

Missverständnisse konzentrieren, was, wie gezeigt, schon schwierig genug ist.[59]

Mal so ins Unreine gedacht. Grundsätzlich gibt es nach meiner Ansicht nur zwei Wege zur Herstellung eines deckungsgleichen neuronalen Zeitfensters bei der Wahrnehmung der Gegenwart: Entweder die Frauen lassen sich auf die von Männergehirnen verwendete, seit Jahrtausenden bewährte Drei-Sekunden-Taktung ein, oder wir lassen alles so wie es ist.

Am Anfang (und am Ende) steht der Schuhkarton

Kurzfassung für den eiligen Leser

Dem Schuhkarton gebührt unzweifelhaft ein Ehrenplatz in der Kulturgeschichte der Menschheit. Seine Verdienste um die Verbreitung klanglich perfekten Musikgenusses und sein Einfluss auf die Entwicklung kubistischer Malerei sind unbestritten, ja, seine tiefe Symbolik machte ihn auch längst zur Ikone politischer Protestbewegungen. Auf der anderen Seite ist er die wohl gefährlichste Waffe zur Zerstörung funktionierender Verwaltungssysteme und vor allem häuslicher Ordnungen, die über kurz oder lang im Chaos versinken, wenn sie (von Ihrer Frau) nach dem Schuhkarton-Prinzip organisiert werden.

Schuhkartons[60] werden, das ist ihr Zweck, in Schuhgeschäften zur Aufbewahrung von Schuhen für den Verkauf verwendet. Wohlgeordnet nach Herstellern, Größen, Materialien und Farben der in ihnen verwahrten Schuhe dienen sie dazu, dem Verkaufspersonal den schnellen Zugriff auf das vom Kunden in den Blick genommene Objekt seiner Kauflust zu verschaffen, damit er alsbald in spitze, Trommelfell zerreißende Freudenschreie ausbrechen kann, wenn er sie an den Füßen hat, ganz so, wie es uns der Internet-Schuhhändler Zalando in seinen nervtötenden TV-Spots mit dem Slogan „Schrei vor Glück“ zeigt.

---

59 Siehe oben Seite 22 ff.

60 Auf Englisch: Cartoon, auf Chinesisch und Schweizerisch: Kanton.

Schuhkarton – der perfekte Klang

Ein Schuhkarton ist jedoch mehr als ein meist aus Pappe gefertigtes Zwischenlager für Fußbekleidung, bei genauerem Hinsehen ist er Sinnbild und Ausdruck eines Konstruktionsprinzips, ohne das unsere europäische Kulturlandschaft, jedenfalls im Bereich der Musik, ärmer wäre.

In der Tat ist es nämlich so, dass rechteckige, in der Form eines Schuhkartons gestaltete Konzertsäle solchen mit anderen Formen akustisch überlegen sind. Welcher Schuhhersteller die Architekten der Konzerthäuser etwa in Dortmund, München und beim Wiener Musikverein auf die akustischen Vorzüge rechteckiger Schuhschachtel-Konzertsäle aufmerksam gemacht hat, in denen der Widerhall der Seitenwände die hohen (Ober-)Töne besonders hervorhebt, was die musikalische Darbietung dynamischer macht, weiß ich nicht, vermute aber mal, dass es der italienische Modekonzern Tod's war, auf den, wenn ich Inge richtig verstanden habe, ohnehin die meisten wesentlichen kulturellen Errungenschaften unseres Jahrhunderts zurückgehen. Warum allerdings die Architekten z. B. der Berliner oder Kölner Philharmonie, also Hans Scharoun bzw. Busmann + Haberer, sich diesen Vorteil nicht zunutze machten, bleibt im Dunkeln. Wer Anton Bruckners Sinfonie Nr. 9 d-moll also mal in voller Schönheit genießen will, fährt als Kölner vom Rhein einfach mal zur Ruhr nach Dortmund; der 10. 6. 2016 wäre ein guter Termin gewesen, wenn Sie die Wiener Philharmoniker unter der Leitung von Yannick Nézet Séguin bei der Aufführung dieses monumentalen Meisterwerkes hätten erleben wollen.

Schuhkarton – das perfekte Symbol

Der Schuhkarton ist aber nicht nur eine unverzichtbare Blaupause für die Konstruktion klanglich perfekter Konzertsäle, auch weltbekannte Künstler und Städteplaner wie etwa Pablo Picasso in seiner kubistischen Phase[61] oder Le Corbusier verdanken ihre künstlerische Anerkennung und Karrieren zum großen Teil diesem unscheinbaren Utensil, das zudem eine hohe symbolische Strahlkraft besitzt.

61 Siehe „Les Desmoiselles d'Avignon" (1906–1907).

Denn Schuhkartons sind auch Ausdruck christlicher Nächstenliebe, was man den rechteckigen Pappschachteln auf den ersten Blick nicht unbedingt ansieht. Füllt man sie allerdings mit Geschenken, die dann zur Weihnachtszeit etwa über den eingetragenen Verein „Geschenke der Hoffnung", der seinen Sitz in Berlin hat, an Kinder in Mittel- und Osteuropa weitergeleitet werden, wird ihre wahre Bestimmung als Symbol karitativen Handelns im Rahmen der Aktion „Weihnachten im Schuhkarton" hinter der Fassade einer profanen Produktverpackung offensichtlich.

Und nicht nur das, der Schuhkarton ist auch ein Symbol des Protests. Im September des Jahres 2013 zeigten demonstrierende Oppositionelle in Ankara einen mit Geldscheinen gefüllten Schuhkarton, nachdem Polizisten im Rahmen einer Durchsuchung beim Direktor der staatlichen Halkbank 4,5 Mio. Dollar Bestechungsgelder aus einer Schmiergeldaffäre mit illegalen Baugenehmigungen in solchen Pappkartons gefunden hatten. Also, sehr viele Schuhkartons braucht es nicht, um eine derartige Summe, die ca. 4 Mio. Euro entspricht, zu verstauen – ich habe das mal im Keller unseres Hauses nachgestellt. Ein gewöhnlicher Schuhkarton hat Abmessungen von 36 × 23 ×8 cm und kann locker sechs Stapel mit 100-€-Noten aufnehmen, die 14,7 × 8 cm lang bzw. breit sind. Sie benötigen, ich habe das ausprobiert, acht Schuhkartons, um die 4 Mio. Euro – locker gepackt – zu verstauen. Das Gesamtgewicht aller Kartons beträgt 40 kg, also 5 kg pro Karton. Ideal für den Transport, wenn's mal schnell gehen muss.

Ein Stück Kulturgeschichte

Und überhaupt. Ist die Schuhbox als wohl gelungenste Anwendungsform der geometrischen Figur eines Quaders nicht kartongewordener Ausdruck der von Menschenhand umgesetzten Bändigung des verwirrenden Formenchaos' der Natur, die keine geraden Linien kennt, die unser Leben so herrlich klar strukturieren? Rechteckige Häuser mit rechteckigen Fenstern, rechteckigen Zimmern mit ebensolchen Türen, Bilderrahmen und Möbeln, die mit rechteckigen Büchern, Bildschirmen und Monitoren bestückt sind, in die recht eckige Menschen blicken. Lassen Sie es sich gesagt sein: Wir leben in einer rechteckigen, in einer Schuhkarton-Welt. Es wird

Zeit, das anzuerkennen und dem Schuhkarton endlich einen ihm gebührenden Platz in der abendländischen Kulturgeschichte zuzuweisen, der der Erfindung des Rades im Rang nicht nachstehen sollte.

Schuhkarton – das perfekte Verwaltungschaos

Was man mit Schuhkartons aber auf keinen Fall machen sollte, ist, sie dazu zu benutzen, wichtige Unterlagen aufzubewahren, auf die man, weil man sie ständig braucht oder zu bestimmten Zeitpunkten benötigt, schnell zugreifen will. Es mag ja gerade noch angehen, Fotos aus den Zeiten der Analogfotografie, jahrgangsweise „geordnet", in Schuhkartons im Keller verstauben zu lassen und die Entsorgung vertrauensvoll in die Hände der darüber verzweifelnden Erben zu geben.

Ein Schuhkarton eignet sich sich aber überhaupt nicht dazu, etwa wichtige Steuerunterlagen wie abzugsfähige Handwerkerrechnungen und Ähnliches unterjährig aufzubewahren, weil man sie garantiert nicht wiederfindet, wenn man sie braucht. Verdammt noch mal! Steuerberater(innen) wissen das, weshalb sie „zwecks Vermeidung" von sog. Schuhkarton-Buchhaltungen ihren Mandanten Belegsammelordner aufs Auge drücken, in denen die Belege, nach steuerlich relevanten Sachgebieten geordnet, vom Steuerpflichtigen – grob vorsortiert – zur Bearbeitung durch sie abgeheftet werden sollen.

Schon Mose …

Das zu schaffen, ist mit Schuhkartons, diesen objektgewordenen Ausformungen des Chaos, nicht möglich, was schon Mose in der Genesis beschrieben hat: „… die Erde aber war wüst und wirr, Finsternis lag über dem Urkarton …". Hätte Gott die Welt damals lässig schichtweise nach dem Schuhkarton-Prinzip und nicht mit dem Blick auf ein harmonisches, in sich schlüssiges Gesamtsystem geordnet, Licht, Finsternis, Himmel, Land, Meer usw., dann plantschten wir noch heute als Einzeller in der Ursuppe herum. Dass er das nicht getan hat, zeigt, dass sich nach seiner Einschätzung das Ordnungsprinzip „Schuhkarton" nicht als Modell für komplexe Strukturen wie die Schaffung des Kosmos oder etwa die Ablage von amtlichen Schriftstücken eignet, die damals üblicherweise noch auf großen Steintafeln verlautbart wurden, was ein Aufbewahren in Schuhkartons ausschloss. Die Chaosforschung, ein Teilgebiet der Nichtlinearen Dynamik, hat diese religiös basierte Ausgangsthese dann später wissenschaftlich abgesichert – im Großen und Ganzen jedenfalls.

Nicht die Lösung, sondern das Problem

Die Schaffung eines Ordnungssystems mit Hilfe von Schuhkartons verführt auch dazu, gänzlich unbrauchbare oder nicht mehr benötigte Gegenstände zur sicheren Verwahrung für einen nie kommenden Tag X aufzubewahren. Notdürftig beschriftet mit unleserlichen, vergilbten Hieroglyphen oder wenig aussagekräftigen Bezeichnungen wie „Küche“ vergammeln sie aufgestapelt zu Schuhkarton-Monumenten in irgendeiner Ecke des Kellers, bis akute Platznot den Lagerhalter dazu zwingt, sie samt ihrem Inhalt auf einer Müllkippe still zu entsorgen. Schuhkartons schaffen also nur eine Scheinordnung, indem sie uns eine Lösung für ein Problem anbieten, das wir ohne sie gar nicht hätten, nämlich Dinge aufzubewahren, die wir nicht brauchen.

Und damit stehlen sie uns zudem dringend benötigten Stauraum für wirklich Bewahrenswertes, denn häufig enthält die riesige Pappschachtel nur einen einzigen kleinen Gegenstand – umgeben von penetrant säuerlich riechender Luft –, der, mit bloßem Auge kaum wahrnehmbar, seine Existenz nur durch das Geklapper anzeigt, das entsteht, wenn man den Schuhkarton mit beiden Händen energisch schüttelt.

Wenn Sie das nächste Mal mit Ihrer Frau Schuhe kaufen, achten Sie darauf, dass der Schuhkarton im Geschäft bleibt, Ihre häusliche Ordnung versinkt sonst über kurz oder lang im Chaos. Zücken Sie also Ihre Kreditkarte und sagen Sie der Mitarbeiterin an der Verpackungsstation, ohne dass Ihre Frau es hört: „Nein, vielen Dank, den Schuhkarton brauchen wir nun wirklich nicht!“

Verhaustierung des Mannes auf der Toilette

Kurzfassung für den eiligen Leser

Die Domestizierung des Mannes erstreckt sich auf alle Lebensbereiche[62] und macht auch vor höchstpersönlichen

62 Ausnahmen bestätigen die Regel, siehe hierzu unten Seite 100 ff.: Frau-

Handlungen wie dem Urinieren nicht halt, das, politisch korrekt, bitte im Sitzen zu geschehen hat. Gegen den Zwang zum Sitzpinkeln sprechen nicht nur volkswirtschaftliche Gründe, sondern auch ein Gerichtsurteil der mit drei Richterinnen (!) besetzten 21. Zivilkammer des Landgerichts Düsseldorf[63], das überzeugte Stehpinkler zu Argumentationszwecken stets bei sich führen sollten.

Es war der kolumbianische Literaturnobelpreisträger Gabriel José Garcia Márques, der in seinem Roman „Die Liebe in Zeiten der Cholera“ Dr. Juvenal Urbino an die Adresse seiner Gattin Fermina Daza sagen ließ: „Das Klosett muss jemand erfunden haben, der nichts von Männern verstand.“[64] Erst im Greisenalter, so berichtet der Dichter, als sein Strahl aufgrund einer Körperstörung die Bestimmtheit und Direktheit verloren hatte, die Juvenal in der Schule beim Flaschenfüllen so manchen Turniersieg eingebracht hatte, pinkelte er wie Fermina im Sitzen, „was die Brille sauber und ihn im Zustand der Gnade beließ“, gemeint ist natürlich: der Gnade seiner Angetrauten.

Wichtig an der Situationsbeschreibung von Gabo, wie der Schriftsteller liebevoll im spanischsprachigen Raum genannt wird, erscheint mir die Tatsache, dass die männliche Hauptperson erst unter dem Druck körperlicher Beschwerden – man darf wohl eine krankhaft vergrößerte Prostata als Ursache vermuten – vom Steh- zum Sitzpinkler mutierte, also zu einem Zeitpunkt, den auch Urologen als angemessen für eine veränderte Positionierung des männlichen Körpers beim Wasserlassen auf dem Klosett empfehlen.

Sitzpinkeln – volkswirtschaftlich katastrophal

Diese erst unter dem Einfluss körperlicher Defizite erzwungenen Domestizierung des Mannes, der sich zum Abschlagen des Wassers – wie ein Löwe im Zirkus Männchen machend auf dem Podest Platz nimmt – zusammengefaltet auf eine Toilettenbrille hockt, ist physikalisch und volkswirtschaftlich betrachtet suboptimal, denn die Strahlstärke ist im Stehen

endiskriminierung beim Grillen.

63 In der Berufungsinstanz durch das OLG Düsseldorf bestätigt.

64 Das ist zweifellos richtig, wie ich weiter unten belegen werde.

wegen des höheren orthostatischen Drucks kräftiger, was zu einer schnelleren Entleerung der Blase mit einem entsprechenden Zeitgewinn führt, der sich, was zu zeigen sein wird, beim Blick auf das Ganze zu einer beeindruckenden Zahl summiert.

Der Verzicht auf das Stehpinkeln hat erhebliche volkswirtschaftliche Weiterungen, was den wenigsten klar ist bzw. von den Hygienehysterikern gern verschwiegen wird. Ich habe das einmal durchgerechnet.

Mal kurz gerechnet

Bei zwei bis drei Litern Flüssigkeitsaufnahme pro Tag, das ist die medizinisch empfohlene Ration für einen gesunden Menschen, muss der Mann dreimal täglich Wasser lassen. Ein Selbstversuch hat gezeigt, dass das Sitzpinkeln hierfür einen zeitlichen Aufwand von dreimal 20 Sekunden, also täglich einer Minute, erfordert, das Stehpinkeln gerade einmal die Hälfte der Zeit, also 30 Sekunden. Das bedeutet, dass der Sitzpinkler pro Jahr für diesen Vorgang rund 182,5 Minuten (365 Tage × 30 Sekunden) mehr verbraucht als der Stehpinkler. Bei einer mittleren Lebenserwartung von 80 Jahren für den Mann folgt daraus, dass der Sitzpinkler der Familie, Gesellschaft und Volkswirtschaft, auf die gesamte Dauer seiner Lebenszeit gerechnet, 243,33 Stunden (182,5 Minuten × 80 Jahre[65] : 60 Minuten) nicht zur Verfügung steht, nur weil er sich zum Pinkeln hinhockt.

Das ist schon ziemlich beängstigend, berücksichtigt man allerdings, dass wir in Deutschland, Stand 2014, ca. 40 Mio. Männer hatten, von denen – geschätzt[66] – 60%, also 24 Mio., zu Sitzpinklern domestiziert worden sind, bedeutet das – auf die durchschnittliche Lebenszeit von 80 Jahren hochgerechnet –, dass die gesamte Männerriege Deutschlands im Laufe Ihres Lebens 5.839.920.000 Stunden (24 Mio. Sitzpinkler. × 243,33 Std. zeitlicher Mehraufwand pro Lebensjahr)[67] mehr Zeit auf der Toilette verbringen als unter Berücksichtigung ihrer biologischen Prädisposition nötig wäre, Zeit, die

65 Das Pinkeln eines Säuglings und Greises im Liegen habe ich der Einfachheit halber als verschärfte Form des Sitzpinkelns bewertet.

66 Genaue Zahlen sind nicht zu bekommen.

67 Das sind sagenhafte 730 Mio. Arbeitstage, der Tag zu 8 Stunden gerechnet.

gewinnbringend für volkswirtschaftlich sinnvolle oder karitativ wertvolle Tätigkeiten eingesetzt werden könnte. Das ist schlicht eine Katastrophe für unsere Gesellschaft!

Wasserklosett – eine Erfindung für Frauen

Es war übrigens der Engländer Sir John Harington, also ein Mann, der 1596 das Wasserklosett im Auftrag von Königin Elisabeth I. erfand, das in der Folgezeit in Vergessenheit geriet, bevor der, wieder ein Engländer, Erfinder Alexander Cummings sich seine Ausführung des Wasserklosetts 1775 patentieren ließ.

Dass es den Mann über kurz oder lang vor Probleme stellen würde, einen Gebrauchsgegenstand zu benutzen, der im Auftrag einer Frau für Frauen entwickelt wurde, verwundert nicht, wenn man etwa an den umgekehrten Fall denkt, dass Frauen Autofahren oder Fußballspielen. In den letztgenannten Fällen käme allerdings niemand auf die Idee, die vorhandenen Defizite durch speziell auf Frauen abgestimmte Benutzungsanleitungen abstellen zu wollen.

Anders ergeht's dem Stehpinkler, er muss sich vor allem auf Gästetoiletten Zurechtweisungen in der Art gefallen lassen, wie sie von Latrinenpächtern in Pompeji an Häuserwänden zur Warnung an Passanten angebracht wurden, was historisch verbürgt ist: „Cacator cave malum! Aut si contempseris, habeas Jovem iratum!“[68]

Domestizierung des Mannes – Selbsttest

Das Sitzpinkeln des Mannes ist, bringt man es auf den Punkt, das Ergebnis eines globalen Domestizierungsversuchs, wie wir ihn von Wildtieren und Wildpflanzen her kennen, die durch eine Isolation von ihrem ursprünglichen Lebensumfeld innerartlich genetischen Veränderungsprozessen ausgesetzt werden, die aus ihnen der häuslichen Kultur angepasste Nutztiere und Nutzpflanzen machen. Nach der Diktion des österreichischen Biologen Konrad Lorenz gibt es diesen Prozess auch beim Menschen, dort „Verhaustierung“ genannt, was alle Stehpinkler zu erhöhter Wachsamkeit aufruft, den eigenen Status quo kritisch im Auge zu behalten.

---

68 Für alle, die kein Großes Latrinum haben, hier die (freie) Übersetzung: „Hüte Dich, auf die Straße zu kacken! Sonst wird Dich Jupiters Zorn treffen!“

Die Domestizierungseffekte sind, das sagt die Wissenschaft, anatomischer und verhaltensbedingter Art. Überprüfen Sie selbst anhand der folgenden Checkliste, wie weit die „Verhaustierung" bei Ihnen schon fortgeschritten ist. Sollten Sie mehr als fünfmal „Trifft zu" ankreuzen müssen, ist es an der Zeit, einmal darüber nachzudenken, ob Ihre Instinkte noch in Takt sind oder der genetische Veränderungsprozess längst eingesetzt hat:[69]

Merkmalsveränderungen	**Trifft zu**
Reduzierung des Gebisses (Kontrollfrage: Noch alle eigenen Zähne an Bord?)	
Reduzierung des Fells (Kontrollfrage: Und Ihr Kopfhaar?)	
Farbänderung – von Tarnfarben zu auffälligen Farbvarianten (Kontrollfrage: Sie sind über 70 Jahre alt und tragen im Sommer grüne und rote Hosen, bunte Hemden?)	
Hängeohren (Kontrollfrage: Was sagt der Spiegel?)	
Abnahme der Gehirnmasse, insbesondere in den für die Verarbeitung von Sinneseindrücken wichtigen Gehirnarealen (Kontrollfrage: Ihr Seh-, Hör-, Riech- und Tastvermögen liegt noch bei 100%?)	
Reduzierte Aggressivität (Kontrollfrage: Sie nehmen Niederlagen Ihres Fußballvereins gelassen hin?)	
Reduziertes Flucht- und Verteidigungsverhalten (Kontrollfrage: Sie glauben, Ihr Schäfchen ins Trockene gebracht zu haben, Ihnen kann keiner an die Karre fahren?)	
Gesteigerte Fortpflanzungsrate unter Aufgabe der Saisonalität der Fortpflanzung (Kontrollfrage: Sie erinnern sich?)	
Reduziertes Brutpflegeverhalten (Kontrollfrage: Ihre Familienplanung ist abgeschlossen, alle Kinder sind aus dem Haus?)	

Stehpinkeln als Brauchtumspflege

Sollte sich bei dem Selbsttest ergeben haben, dass Sie längst auf dem Weg sind, sich von einem Manneken Pis, einem der

69 Siehe hierzu Wikipedia, Stichwort „Domestizierung".

Wahrzeichen der belgischen Hautstadt Brüssel[70], zu einer Jeanneke Pis, einem im Sitzen urinierenden Mädchen, ebenfalls eine Brunnenfigur aus Brüssel, zu entwickeln, dann macht Ihnen vielleicht ein Urteil des Landgerichts Düsseldorf[71] Mut, sich einer schleichenden Geschlechtsumwandlung energisch entgegenzustemmen.

In einem Mietrechtsstreit befanden die drei Richterinnen (!) der 21. Zivilkammer des Landgerichts Düsseldorf nämlich wörtlich Folgendes: „Trotz der in diesem Zusammenhang zunehmenden Domestizierung des Mannes ist das Urinieren im Stehen durchaus noch weit verbreitet. Jemand, der diesen früher herrschenden Brauch noch ausübt, muss zwar regelmäßig mit bisweilen erheblichen Auseinandersetzungen mit – insbesondere weiblichen – Mitbewohnern, nicht aber mit einer Verätzung des im Badezimmer oder Gäste-WC verlegten Marmorbodens rechnen."

Ich schließe meine Betrachtungen zur schleichenden Domestizierung der Stehpinkler mit diesem Zitat aus dem Urteil der drei Düsseldorfer Richterinnen und dem Hinweis an alle Betroffenen, zu Argumentationszwecken immer eine Ablichtung der Gerichtsentscheidung mit sich zu führen, sich zumindest die drei Schlüsselbegriffe „Domestizierung des Mannes", „Urinieren im Stehen weit verbreitet" und „Brauch" zu merken.

Das Schreiben dieses Kapitels hat länger gedauert als gedacht, ich werde jetzt erst einmal eine Stange Wasser beiseite stellen – im Stehen natürlich, der volkswirtschaftlich optimalen Körperhaltung.[72]

---

70 Ähnliche symbolkräftige Statuen der Standhaftigkeit „kleiner wasserlassender Männer" sind übrigens im belgischen Geraardsbergen, im japanischen Bahnhof Hamamatsuchō in Tokio und im deutschen Duisburg von den Stadtvätern aufgestellt worden.

71 Landgericht Düsseldorf, Urteil vom 12.11.2015 – 21 S 13/15.

72 Schließlich kann ich auf der mir von Inge zugewiesenen Herrentoilette im Keller unseres Hauses machen, was ich will, sogar beim Duschen pinkeln, im Stehen. Herrlich!

Wahrheit versus Notlüge

Kurzfassung für den eiligen Leser

(Not-)Lügen, auch Alltagslügen genannt, halten, wenn man den Soziologen glauben will, die Welt zusammen. Für das in Kommunikationsfragen geübte weibliche Geschlecht stellt die dauerhafte Harmonisierung der Realität mit den Notlügen kein wirkliches Problem dar. Anders ist das bei Männern, deren testosterongesättigtes und durch das Sexualhormon in Bezug auf Kommunikation, Emotionen und Gedächtnis unterkomplex entwickelte Gehirn in diesen Fällen schnell ins Schlingern gerät. Gewiss, man kann versuchen, die von weiblichem Einfallsreichtum geschaffene Über-Realität zu verinnerlichen. Das gelingt allerdings nicht immer.

Bekanntlich sind Frauen kommunikativer als Männer, deren für Kommunikation, Emotionen und Gedächtnis zuständige Gehirnregionen schon im Mutterleib bedingt durch das Sexualhormon Testosteron an Leistungsstärke einbüßen.

Ein recht gutes Beispiel, um das zu verdeutlichen, sind Telefonate. Während Männer über das Telefon Informationen austauschen, auch mal – kurz und knapp – zum Geburtstag gratulieren oder den Status quo des nachbarlichen Werkzeugkellers mit dem Blick auf exotische, im eigenen Haus gerade nicht verfügbare Instrumente auf diesem Weg abfragen, erzählen Frauen mit dem Telefonhörer in der Hand Geschichten – unterschiedlichster Art, verwickelt, kompliziert, für Männer irgendwie verwirrend, schon allein wegen der vielen Wiederholungen, die nicht demenziell bedingt sind, sondern, wenn ich das richtig sehe, der Bekräftigung (und nochmaligen Bekräftigung) des zuvor bereits Festgestellten dienen, um sich immer wieder der Harmonie zwischen den Gesprächspartnerinnen zu vergewissern.

Schon Scheherazade …

Frauen waren schon immer Kommunikationsgenies. Ich denke da nur an Scheherazade, die Tochter des Wesirs des fiktiven persischen Königs Schahriyâr, Herrscher über eine Insel „zwischen Indien und dem Kaiserreich China“. Scheherazade, voll überzeugt von ihren verbalen (und wohl auch non-verbalen) Fähigkeiten, lässt sich mit dem wegen der amourösen Eskapaden seiner ersten Angetrauten mit einem schwarzen Sklaven zum Frauenmörder mutierten König ein, erzählt ihm in 1001 Nacht Geschichten, bekommt während dieser Zeit drei Kinder und darf schließlich wegen erwiesener Treue, bewiesener Klugheit und weil sie so nett erzählen konnte, am Leben bleiben.

Ein Mann hätte das nie und nimmer geschafft, denn worüber hätte er sich mit dem persischen König derart ausgiebig, nämlich 1001 Nacht, unterhalten sollen? Es gab noch keine Fußballbundesliga, Autos und auch Merkelsche Politik konnte im Spätmittelalter noch nicht als Aufreger herhalten. Und Medizin, Mathematik, Astronomie, Geographie, Philosophie, Musik sind eher weniger geeignete Themen für ein echtes Männergespräch.

(Not-)Lügen

Die weibliche kommunikative Kreativität hingegen ist grenzenlos. Soll sie doch, mag man denken. Doch ganz so einfach ist das nicht aus Männersicht. Da werden in den Gesprächen zwischen Frauen nämlich häufig Informationen gegeben bzw. Tatsachen bewusst verschwiegen, die die Realität – vorsichtig ausgedrückt – verzerrt abbilden.

Nun soll ja jeder Mensch 50 (amerikanische Experten) bis 200 mal (britische Experten) pro Tag lügen – um anderen Enttäuschungen zu ersparen, aus Angst vor Konflikten, vor Ablehnung, aus Scham etc. Gesellschaftlich wird das goutiert; fast Dreiviertel der Deutschen halten (Not-)Lügen[73] in bestimmten Situationen für angebracht, sind aber gleichzeitig enttäuscht, wenn sie selbst belogen werden. Man könnte auch in Anlehnung an das Bonmot von Julius Caesar zum Verrat[74] sagen, dass jeder die Lüge liebt, aber nicht den Lügner. Soziologen behaupten sogar, das ohne die Lüge als Grundlage unserer Existenz die soziale Struktur unserer Gesellschaft zusammenbräche.

---

73 Siehe auch Greck, Rein rechtlich ist das alles kein Problem, 2015, Seite 149 ff. (Lügen-Brevier, kleines).

74 „Proditionem amo, sed proditores non laudo“ („Den Verrat liebe ich, aber die Verräter lobe ich nicht“).

Überforderte Männergehirne

Für das, wie erwähnt, testosterongeschädigte Gedächtnis des Mannes stellen die gebräuchlichen Alltagslügen allerdings ein erhebliches Problem dar, vor allem solche, die ihm von seiner Frau aufgezwungen werden, weil sie sich im Telefonat mit einer Freundin auf von ihr aus den erhabensten Gründen modellierte Versionen der Wahrheit festgelegt hat, die der Mann, wie sie ihm gleich nach Beendigung des Gesprächs mitteilt, bei künftigen Einlassungen zu dem Thema doch gefälligst zu beachten habe. Es ist für einen Mann nicht immer einfach, hier den Überblick zu behalten. Man kann allerdings in seine verschiedenen Rollen im Rahmen dieser Spielart des Alltagswahnsinns, die die Realität durch eine Art Über-Realität ersetzt, auch hineinwachsen, was allerdings nicht immer gelingt. Einige Beispiele sollen verdeutlichen, was ich meine:

Weniger ist mehr

Da sind z. B. alle Informationen, die Dritten Aufschluss über die finanzielle Situation der Familie geben könnten. Hier gilt der verbindliche Grundsatz „Weniger ist mehr“: Die Urlaubsreise ging also nach Sögtrop im Sauerland und nicht nach Vietnam/Kambodscha, was eigentlich ausschweifende Reiseberichte im Freundeskreis über die Tempelanlagen von Angkor und die Vorzüge der asiatischen Küche verbietet.

Eigentlich, man darf es nur nicht vergessen, wie es mir jetzt erging, als ich mich im Kontext mit der fiktiven Sögtrop-Exkursion dazu hinreißen ließ, über den exzellenten, vor Ort von Fischern frisch aus dem Wasser gezogenen, auf dem Holzkohlegrill zubereiteten Mondfisch mit Reis und gedämpften Chinakohl zu berichten. Seit diesem Abend gehen unsere Freunde davon aus, dass es an dem im Nordwesten von Schmallenberg gelegenen Hennesee neuestens eine von kambodschanischen Einwanderern betriebene Mondfischzucht mit einem angeschlossenen Restaurant gibt. Etwas Besseres war mir auf die Schnelle nicht eingefallen. Ich hoffe nur, dass mir diese Information nicht eines Tages auf die Füße fällt, denn diese Geschichte einigermaßen glaubwürdig weiterzuspinnen, dürfte ziemlich schwierig werden.

Tabuthemen ernst nehmen

Insbesondere Renten, Geldanlagen sind absolute Tabuthemen. Ich benutze hier gern die Floskel „Ach ja, wir kommen ganz gut hin. Man muss allerdings aufpassen", was ja so ziemlich auf jede Lebenssituation zutrifft, also nicht einmal gelogen ist. Ich unterstütze den Eindruck eines in prekären Verhältnissen lebenden Rentner-Ehepaares übrigens dadurch, dass ich mich zweimal wöchentlich, ausgestattet mit großen blauen Plastiksäcken, zum Leergutsammeln in den Abfallkörben auf der gemeindlichen Hauptstraße zeige, was uns übrigens schon so manche Einladung zu einem „warmen Abendessen" beschert hat.

Beim Thema „Bekleidungskauf" bin ich fein raus, weil ich hier in meine Rolle als tumber, in Modefragen gänzlich unbedarfter Ehemann schlüpfe, die mir jeder mit Blick auf meine Kleiderordnung auch sofort abnimmt. Von mir erwartet niemand Informationen zum Umfang der neu erworbenen Bekleidung.

Vertrauliche Informationen

Schwieriger wird es allerdings beim Themenkreis „Was ich zwar weiß, aber eigentlich nicht wissen darf", weil es hier etwa um höchstvertrauliche „nur für den internen Dienstgebrauch" in Frauenzirkeln bestimmte Informationen geht, die an mich aber gleichwohl mit dem Hinweis auf absolute Vertraulichkeit weitergereicht wurden, etwa dass sich eine bestimmte Frau aus unserem Bekanntenkreis während der Kur in einen anderen Mann verliebt hat und plant, ihren Angetrauten zu verlassen. Diese Information muss man, anders als es bei mir der Fall war, beim nächsten Besuch des Noch-Pärchens fest im Blick haben. Begrüßungen an der Haustür wie „Was, ihr seid noch zusammen?!" verbieten sich dann, wie mir jetzt klar ist.

Und was sagt Kant?

Immanuel Kant, dem deutschen Philosophen der Aufklärung, wäre ein derart kreativer Umgang mit der Wahrheit wohl nicht zu vermitteln gewesen. Noch in seiner vorletzten Veröffentlichung aus dem Jahr 1797 mit dem Titel „Über das vermeintliche Recht aus Menschenliebe zu lügen" stellt er resümierend apodiktisch fest: „Es ist also ein heiliges, unbedingt gebietendes, durch keine Konvenienzen einzuschränkendes Vernunftgebot: in allen Erklärungen wahrhaft (ehrlich) zu sein." Frauen berufen sich in diesem Zusammenhang gern auf Benjamin Constant, der in einer seiner Schriften nachzuweisen versucht, dass das mit der unbedingten Wahrheitsliebe Kantscher Prägung gar nicht so gemeint ist.[75]

75 Siehe Benjamin Constant, Frankreich im Jahr 1797, Sechstes Stück, Nr. I: Von den politischen Gegenwirkungen, Seite 123.

ERNÄHRUNGSGEWOHNHEITEN

Realitätsverlust durch „Grillteller Rhodos“

Kurzfassung für den eiligen Leser
Wie aus gut unterrichteter finanzministerieller Quelle verlautet, gibt es konkrete Indizien dafür, dass der das dritte Rettungspaket für Griechenland auslösende schwere Fall von Realitätsverlust auf Seiten griechischer und EU-Spitzenpolitiker durch den allzu häufigen und heftigen Genuss typisch hellenischer Speisen und Getränke auf den Krisentreffen in Brüssel und andernorts verursacht wurde. Diese Erkenntnis sollte dazu führen, dass Sie Ihre Ernährungsgewohnheiten überdenken, denn, anders als Staaten, können Sie es sich als Privatperson nicht leisten, permanent über Ihre Verhältnisse zu leben.

Das Phänomen des den Alltagswahnsinn befördernden Realitätsverlustes in der Ausformung einer endogenen Psychose infolge eines allzu häufigen und mengenmäßig unbeschränkten Genusses von Gyros und Ouzo ist verstärkt bei denjenigen Menschen zu beobachten, die diese Ernährungsgewohnheiten mit Syrtaki-Darbietungen zu vorgerückter Stunde und dem Knüpfen von Flokati-Teppichen in der Freizeit kombinieren.

Griechischer Realitätsverlust
Das trifft auf viele Griechen zu. (Aber nicht nur.) Wie sonst will man es sich erklären, dass sich mehr als 61% der Griechen auf dem Weg einer Volksabstimmung im Ergebnis aus der Euro-Zone herausvotierten und ihren Lebensbedarf wohl mit aus Flugzeugen abgeworfenen Care-Paketen decken wollten, jedenfalls bei solchen Produkten, die sie mit ihrem neuen Muschelgeld, darauf wäre es hinausgelaufen, nicht kaufen können. Die alleralleralllerletzte – man konnte es nicht mehr hören – Deadline wurde auf den 12.7.2015 gelegt.

Europäische Dilettanten
An diesem Tag trafen sich die Finanzminister, Regierungschefs mit ihrer Entourage wieder in Brüssel und befanden dar-

über, ob die Sparvorschläge der Tsipras-Regierung eine Konsolidierung des griechischen Staatshaushaltes als möglich erscheinen lassen. Es ist schon erstaunlich, da befassten sich seit fünf Jahren die Regierungschefs, Finanzminister, die EU-Gremien, die EZB und – im Hintergrund – eine Schar hochrangiger Wirtschaftsexperten mit dem chronischen griechischen Haushaltsdefizit, und alles, was den vielleicht nicht klügsten, jedenfalls aber mächtigsten Köpfen Europas einfiel, waren an konkrete Sparvorschläge gekoppelte Kredite, mit denen die Zinszahlungen aus schon zuvor ausgereichten Krediten bezahlt werden, die sich mittlerweile auf 320 Milliarden Euro zuzüglich 90 Milliarden Euro an Notkrediten von der EZB belaufen.

Dabei gehört es schon zum Grundwissen eines Sozialarbeiters, dass man überschuldeten Privathaushalten nicht mit „schnellen Krediten" dubioser Anbieter wieder auf die Füße hilft, sondern durch ein (Verbraucher-)Insolvenzverfahren, das es bei Staaten allerdings nicht gibt, gekoppelt mit einer Stärkung der wirtschaftlichen individuellen Leistungsfähigkeit, der bei Staaten eine investitionsfördernde Wirtschaftspolitik entspricht, mit der der Staatshaushalt, die Kreditverbindlichkeiten einmal außen vorgelassen, dauerhaft jedenfalls Primärüberschüsse erzielt. Aber nur neue Kredite vergeben, um die Zinsen aus alten Krediten zu bezahlen – das würde nicht mal ein Kredithai tun, es sei denn, er litte an Realitätsverlust, was bei Berufsausübenden in dieser Branche undenkbar ist. Womit wir wieder beim Thema wären.

Einzelfälle

Jetzt steht fest: Der Realitätsverlust der nicht-griechischen EU-Spitzenkräfte ist dadurch ausgelöst worden, dass bei den zahllosen Gipfeltreffen der letzten fünf Jahre auf die Ernährungsgewohnheiten von Tsipras und seinen Spitzenfunktionären zu viel Rücksicht genommen wurde. Die ernährungsphysiologischen *Esskapaden* mit Gyros und Ouzo konnten nicht ohne Auswirkungen auf das Urteilsvermögen von Merkel, Hollande, Junckers & Co. bleiben, das wird jeder Drogenberater bestätigen. Dass Schäuble dem Vernehmen nach an der Fern-Uni Hagen den Studiengang „Dipl.-Flokatist" belegt hat, den er bei geregeltem Verlauf in sechs Jahren abschließen müsste, und Martin Schulz, der Präsident des Europäischen Parlaments, wie aus gut unterrichteter Quelle verlautet, mit seiner Sekretärin heimlich fleißig Syrtaki übt, sind weitere Indizien, die meine These stützen, das selbst ansonsten vollkommen seriöse Menschen durch griechischen Lifestyle mit den Elementen Fett und Drogen[76], gefährdet sind.

Ein Staat, der kein Staat ist

Vielleicht ist aber alles auch ganz anders. Und der Grund für die Misere liegt darin, dass Griechenland allem Anschein zum Trotz gar kein (richtiger) Staat ist. Machen wir die Probe. Lassen wir das sozial- und staatswissenschaftliche Geschwurbel zum Staatsbegriff einmal außen vor, völkerrechtlich muss ein Staat drei Merkmale erfüllen: Ein Staatsvolk: 10 Mio. Menschen reichen dazu aus, das ist nicht gerade viel, aber Schwamm drüber, es gibt kleinere Staaten. Ein Staatsgebiet: OK, es ist zwar reichlich zersplittert, warum auch immer, in einen relativ großen Festlandsteil und 6.000 Insel, das geht aber noch durch.

Eine Staatsgewalt, d.h. eine Regierung, die effektive Staatsgewalt ausübt. Hmmm. Man zögert, diese Voraussetzung als gegeben anzusehen. Kann man von einer effektiven Staatsgewalt tatsächlich sprechen, wenn die dazu bestimmten Personen das ihnen anvertraute Gemeinwesen sehenden Auges in die Pleite und die Verelendung seiner Bevölkerung rutschen lassen und sich die politische Gegenstrategie darin erschöpft, in die Taschen Dritter zu greifen, einen Schuldenschnitt oder eine Restrukturierung[77] der Schulden zu fordern, wenn die Verbindlichkeiten erdrosselnd wirken, aber Reformen im eigenen Land, wie etwa ein funktionierendes Finanz- und Katasterwesen zu schaffen, nicht oder nur unzureichend angepackt werden? Nein, Griechenland hat keine effektive Staatsgewalt und ist völkerrechtlich betrachtet folglich gar kein Staat. Überrascht Sie dieses Ergebnis?

---

76 Jawohl, Ouzo ist Alkohol, Alkohol ist eine Droge, wenn man auch sagen muss, eine legale, Gott sei Dank.

77 Zinssenkung kombiniert mit einer Verlegung der Rückzahlung der „Kredite“ auf den Sankt-Nimmerleinstag.

Mangelnde Platzreife

Wenn Griechenland aber kein Staat ist, was ist dieses Gebilde im Pelz eines Staates dann? Ein Freizeitpark[78] für gestresste Mitteleuropäer, der als Selbstbedienungsladen von der griechische Oberschicht und den Superreichen des Landes kommissarisch geführt wird? Aber in welcher Rechtsform? Und was folgte dann daraus? Der Rausschmiss aus der EU? Bekanntlich haben sich die Griechen den Beitritt zur Währungsunion durch getürkte Zahlen erschlichen. Dies zusammen mit der Tatsache, dass das durch einen Nicht-Staat geschah, sollte doch ausreichen, Ihnen den Stuhl vor die Tür zu setzen. Schließlich könnte auch kein Orang Utan erwarten, dauerhaft Mitglied in einem Golf-Club zu bleiben, wenn er sich als unter falschem Namen angemeldet hat und kein Zeugnis der Platzreife vorlegen kann.

Sie, liebe Leser, sollten mit Blick auf Ihre privaten Finanzen auf Ihren Gyros-Konsum achten. Und den kostenlosen Ouzo im Anschluss an das Essen bei Ihrem Lieblings-Griechen, wenn Sie denn einen haben sollten, lehnen Sie besser höflich aber bestimmt ab. Sonst droht Realitätsverlust und Ihr Leben entgleitet Ihnen – langsam, aber sicher.

Vive la France!

Es sei denn, Sie wissen einen guten Freund, etwa Frankreich, an Ihrer Seite, dann können Sie ohne nachzudenken weiter schlemmen. Nachdem nämlich am 7. 7. 2015 der neue griechische Finanzminister Euklides Tsakalotos zum Treffen der Finanzminister einen handgeschriebenen Zettel mit hingekritzelten Reformvorschlägen mitbrachte[79], „Details" wolle er (gemeint ist Tsakalotos) am folgenden Tag bekanntgeben, flog ein französisches Expertenteam nach Athen, um der griechischen Regierung einen wasserdichten Antrag auf Gelder aus dem europäischen Rettungsschirm ESM zu schreiben.

Wohin diese Bruderhilfe unter Südländern führte, ist bekannt. Nach der Zustimmung des griechischen Parlaments

---

78 Die Tourismusbranche trug im Jahr 2014 über 17% zum griechischen Bruttosozialprodukt bei, das übrigens von 356 Milliarden € im Jahr 2008 stetig bis auf 238 Milliarden € im Jahr 2014 gefallen ist.

79 Das ist kein Gag, fragen Sie mal Uwe Corsepius, den Chef der Europaabteilung im Kanzleramt, der die Kanzlerin in jenen Tagen begleitete.

und positiver Abstimmungen in diversen anderen Volksvertretungen Europas werden in den nächsten drei Jahren (mindestens) weitere 86 Milliarden € aus EU-Töpfen an Griechenland gezahlt – natürlich nur als Kredit und nicht als (verlorene) Transferleistung, wie Anti-Europäer immer wieder munkeln. Le Monde, die angesehene französische Tageszeitung fand dazu in ihrer Ausgabe vom 8. 7. 2015 unter der Überschrift „Grèce, une hystérie francaise“[80] deutliche Worte. Der Verbleib Griechenlands im Euro stelle die europäische Grundordnung in Frage, gefährde die Sparziele, die auch an die Franzosen seit Mitterands Wende im Jahr 1983 Reformzumutungen gestellt hätten. Der Präzedenzfall Griechenland bedeute nichts anderes, als dass sich auch die Grande Nation (und mit ihr andere EU-Staaten) zukünftig nicht mehr an (deutsche) Sparregeln halten müsse.

Noch Fragen?
Ja, wann kommt das nächste Rettungspaket? Und für wen? Ich gebe Ihnen 0,5:1 für Griechenland, 2,5:1 für Italien und 4,8:1 für Frankreich. Alles in Euro. Wie immer. Falls meine Rechnung nicht aufgeht, zapfe ich den ESM oder irgendeinen anderen EU-Topf an. Denn es ist unter dem Gesichtspunkt der europäischen Solidarität nun wirklich nicht einzusehen, warum Finanzhilfen nicht auch bei Privatkonkursen gewährt werde. Ich freue mich schon auf die Gespräche mit den EU-Spitzenpolitikern. Damit die Herrschaften in Stimmung kommen, gibt's zum Dinner natürlich Gyros und Ouzo. Was sonst?

Desorientierung durch gelbe Krummfrüchte

Kurzfassung für den eiligen Leser

Konsumenten von Bananen berichten auf einschlägigen Internet-Foren immer wieder irritiert von Bewusstseinsstörungen und schwersten Fällen totaler Desorientierung vor, während und nach dem Genuss der gelben Krummfrucht. Das ist nicht verwunderlich, denn der Duftstoff einer nicht ausgegasten Banane enthält Essigsäureamylester, einen Wirkstoff, der

80 „Griechenland, eine französische Hysterie“.

u. a. als Zwischenprodukt zur Herstellung rauchloser Sprengstoffe verwendet wird.

Über die besonderen Gefahren für die menschliche Psyche, die mit dem allzu häufigen, man könnte auch sagen: ausschließlichen Genuss von Kokosnüssen verbunden sind, hat Kracht in seinem nicht nur unter diesem Aspekt lesenswerten Roman „Imperium“ bereits warnend berichtet.[81]

Weitgehend unbeachtet geblieben, zumindest aber noch nicht empirisch erforscht und folglich literarisch auch noch nicht gewürdigt, sind die wesensverändernden Wirkungen einer anderen Frucht, die von ahnungslosen Medizinern als calziumreicher Kraftspender verharmlost und in x-beliebigen Supermärkten in jeder Obsttheke zu jeder Jahreszeit bedenkenlos und mengenmäßig unbeschränkt angeboten wird, obwohl sie eigentlich rezeptpflichtig sein müsste.

Die Rede ist von Bananen, dieser – zugegeben – köstlichen Frucht, die sich am Baum gleich selbst verpackt, was, sehr zum Leidwesen der Verpackungsindustrie, teure und umständlich zu öffnende Blister-Umhüllungen für den Verkauf entbehrlich macht.

Essigsäureamylester – wer's mag

Ich weiß nicht, ob Sie das schon bemerkt haben. Bananen sondern beim Öffnen der Schale aromatisch riechende Duftstoffe ab, die höchst gefährlich sind. Ich stehe jedenfalls immer kurz vor einer Ohnmacht, bin extrem desorientiert, vergesse manchmal sogar meinen Namen und brauche regelmäßig mehrere Stunden, um mich wieder – ohne auf den Personalausweis zu schauen – an mich selbst zu erinnern.

Wenn man sich diesem Phänomen von der wissenschaftlichen Seite her nähert, stellt man fest, dass diese körperliche Reaktion nicht verwunderlich ist. Das für die Reifung – der wegen des langen Transportwegs unreif gepflückten Bananen – verwendete Bananen(reife)gas ist ein brisantes Stoffgemisch aus 5% Ethen und 95% Stickstoff, eine chemische Verbindung, die die furchteinflößende Bezeichnung „Isoamylacetat“ trägt und als Isopentylacetat zur Familie der Essigsäureamyle-

81 Christian Kracht, Imperium, 3. Aufl., 2012.

ster zählt, wie Sie sich vielleicht rückblickend auf Ihren Chemieunterricht erinnern.

Die Essigsäureamylester, die man zur Reifung der Horrorfrucht Banane verwendet, werden durch die Veresterung, was nichts anderes ist als eine schwache exotherme Reaktion, also eine chemische Reaktion, bei der Energie in der Form von Wärme an die Umgebung abgegeben wird, von Essigsäure mit Pentanolen und einem Schuss Schwefelsäure gewonnen. Essigsäureamylester werden, dies sei noch erwähnt, u. a. industriell als Lösungsmittel für Lacke, Harze, als Zwischenprodukt zur Herstellung rauchloser Sprengstoffe und für die Dichtigkeitsprüfung von Atemschutzmasken (!) verwendet, was eigentlich nicht verwunderlich ist, denn die deutsche Übersetzung „Stickstoff" für das lateinische Nitrogenium erinnert eindringlich daran, dass Lebewesen bei 100% Stickstoffanteil in der Luft ihr Leben aushauchen. Da bekommt man so richtig Appetit auf Bananen, gell?

Vorsichtsmaßnahmen ergreifen

Wenn Sie trotz der geschilderten Gefahren nicht auf den Verzehr von Essigsäureamylester in Form von Bananen verzichten wollen, ist das Ihre Sache. Fragen Sie sich dann aber, warum Sie sich nicht gleich Klebstoffdämpfe reinpfeifen oder Crack rauchen?

Mein dringender Rat ist, bei dem Verzehr von Bananen schweres Atemschutzgerät zu tragen oder pragmatisch vorzugehen: Zwei oder drei Bananen auf Vorrat abzuschälen[82] und sie für den Verzehr an einem luftigen Ort, vielleicht im Garten oder auf dem Balkon für mehrere Tage ausgasen zu lassen. In diesen Fällen empfiehlt es sich, während des Ausgasungsvorgangs, Segler wissen das, an gut sichtbarer Stelle ein rotes Rundumlicht deutlich sichtbar für die Nachbarn zu zeigen, ähnlich wie dies ein nicht entgaster Tanker als Gefahrguttransporter zur See tun muss.

Und lassen Sie sich nicht den Blick für die Gefahren des Verzehrs von Bananen durch die aus dem türkischen Idiom stammende Redewendung („Das ist mir) Bana ne"[83] verstel-

82 Atemschutzgerät nicht vergessen!

83 Türkisches Adjektiv „bana ne" = gleich, egal, schnuppe.

len. Diese gelbe Krummfrucht ist richtig gefährlich! Nicht nur für die Gesundheit.[84] Ich darf daran erinnern, dass kapitalistische Staaten sie als subversiv wirkende Superwaffe eingesetzt haben, um sozialistische Demokratien ins Wanken zu bringen. Und wohin es führt, wenn man die eigene Freiheit und Selbstbestimmtheit leichtfertig zugunsten der Banane aufgibt, dazu erhalten Sie nähere Auskünfte bei der LINKEN, die, wie sich vielleicht einige Leser erinnern, früher in der DDR als SED bekannt war, bevor sie sich auf dem außerordentlichen Parteitag im Dezember 1989 in PDS umbenannte.

Unbedenklich und unter gesundheitlichen Aspekten vollkommen harmlos ist hingegen der Gebrauch (nicht hingegen der Verzehr!) von aufblasbaren Plastikbananen, genauer: das Schwenken derselben bei Fußballfesten unseres geliebten BVB 09.

Plörre trinkende Langweiler

Kurzfassung für den eiligen Leser

Die Frage der Wahl des richtigen Mineralwassers ist nicht nur unter gesundheitlichen Aspekten wichtig, sondern existenziell bedeutsam, denn Sie treffen damit auch eine Entscheidung darüber, ob Sie ein erfülltes Leben führen oder ein eher fades Dasein fristen. Wissenschaftliche Tests belegen, dass Konsumenten von stillem Wasser gegenüber Sprudelwassertrinkern in Bezug auf Witz, Lebenslust und Kreativität erhebliche Defizite aufweisen. Mein Rat: Sortieren Sie solche Langweiler mit dem Wassertest aus Ihrem Freundes- und Bekanntenkreis konsequent aus.

Sie erleichtern sich den gedanklichen Zugang zu den folgenden Ausführungen, wenn Sie zeitgleich zur Lektüre dieses Kapitels die Wassermusik[85] von Händel in den CD-Spieler

84 Siehe etwa die LP von „The Velvet Underground & Nico“, die auf dem von Andy Warhol mit einer Banane geschmückten Cover heftig dem Sadomasochismus, dem Transvestitismus und der Drogensucht huldigt.

85 Den Titel „Wassermusik“ gibt es übrigens auch in gedruckter Form. Das äußerst lesenswerte, weil amüsante, anrührende und spannende Buch von T. C. Boyle über die Entdeckung des Flusses Niger in Westafrika ist im Jahr 2015 in brillanter deutscher Übersetzung neu erschie-

schieben. (Moon River von Audrey Hepburn geht zur Not auch.)

H_2O ist nicht gleich H_2O. Das leuchtet ein. Süßwasser und Salzwasser sind so gegensätzlich wie z. B. Fruchtwasser und Weihwasser, das sich vom Kirschwasser u. a. dadurch unterscheidet, dass man Erstgenanntes wie Fleckenwasser, Rosenwasser oder Haarwasser nur äußerlich anwendet. Mundwasser ist so ein Mittelding, es wird zwar nicht äußerlich angewendet, wenn doch, lesen Sie noch einmal die Gebrauchsanleitung, aber wie Bade- oder Meerwasser irrtümlich dann konsumiert, wenn eine akute Störung im Gehirnwasser, dem Liquor cerebrospinalis, einen unerwünschten Schluckreflex auslöst, wie ihn Friedensreich Hundertwasser in seinem Bild „Fenêtre Extrovertie“ so anschaulich festgehalten hat.

Kleine Wasserkunde

Uneingeschränkt lustvoll trinkbar ist hingegen das nach einem Regenschauer in Pfützen stehengebliebene Brackwasser, jedenfalls für Ihren Golden Retriever. Zweibeiner bevorzugen auf Flaschen gezogenes H_2O, um ihren Durst zu stillen. Die Auswahl ist groß, was die Frage des Kellners „Mit oder ohne?“ nicht erkennen lässt: Mineralwasser, Säuerling, Sprudel, Selterswasser, stilles Wasser, Tafelwasser, Heilwasser, Sodawasser oder Trinkwasser, auch „Kraneberger“ genannt. Um die richtige Auswahl zu treffen, müssen Sie Folgendes wissen.

Über Sauerwasser, Heilwasser und stilles Wasser

Also, natürliches Mineralwasser, historisch „Sauerwasser“ genannt, ist nichts anderes als ein Grundwasser mit besonderen, möglichst gleichbleibenden Inhaltsstoffen, das mit behördlichem Segen direkt an einer der 820 deutschen Quellen abgefüllt wird. Natürliches Mineralwasser darf nur innerhalb der vom Gesetzgeber bestimmten Grenzen gepanscht werden[86]: Eisen, Schwefel, Mangan, Arsen und Fluorid dürfen entfernt, Kohlen-

---

nen.

86 Siehe Mineral- und Tafelwasser-Verordnung vom 1.8.1984, zuletzt geändert durch Art. 1 der Verordnung vom 22.10.2014, Bundesgesetzblatt I, Seite 1633; EG-Richtlinie über die Gewinnung von und den Handel mit natürlichen Mineralwässern 2009/54/EG.

säure darf entzogen oder hinzugefügt werden, was nach der Lebensmittel-Kennzeichnungsverordnung zu folgenden für den Verbraucher leicht unterscheidbaren Verkehrsbezeichnungen führt, unter denen es in den Handel gelangt: Natürliches Mineralwasser, natürliches kohlensäurehaltiges Mineralwasser, natürliches Mineralwasser mit eigener Quellkohlensäure versetzt, natürliches Mineralwasser mit Kohlensäure versetzt und Säuerling oder Sauerbrunnen, wenn das Mineralwasser einen natürlichen Kohlendioxidgehalt hat, der über 250 mg/l liegt. Und wenn ein Säuerling/Sauerbrunnen unter natürlichem Druck der Quelle entspringt, darf man ihn auch „Sprudel" oder „Selterswasser" nennen, was Sie sich sicherlich als passionierter Auch-Wassertrinker schon gewusst haben.

Die Bezeichnung „Heilwasser" ist hingegen nur für ein natürliches Mineralwasser erlaubt, wenn es als Naturheilmittel arzneimittelrechtlich zugelassen ist, was den medizinischen Nachweis einer vorbeugenden, lindernden oder heilenden Wirkung voraussetzt. Bier zählt nicht zu den Heilwässern!

Stilles Wasser, nicht zu verwechseln mit destilliertem Wasser, das man nur gelegentlich trinken sollte, wenn überhaupt, ist auch ein natürliches Mineralwasser, allerdings eines, das keine oder wenig Kohlensäure enthält, weil dieser Inhaltsstoff teilweise oder ganz fehlt bzw. entzogen wurde.

Industriewasser

Kein Mineralwasser ist hingegen das industriell hergestellte Tafelwasser, also ein mit diversen Zutaten nach Vorgabe der Zusatzstoff-Zulassungsverordnung, Trinkwasserverordnung und des einschlägigen Lebensmittelrechts meist mit Coffein aufgepepptes schnödes Trinkwasser, das gerade mal für Wasserbüffel taugt, wie der Aufdruck eines roten Bullen auf den Getränkedosen eines österreichischen Tafelwasserherstellers auch warnend hervorhebt. Enthält das Tafelwasser Natriumhydrogencarbonat, und zwar mindestens 570 mg/l und zusätzlich Kohlensäure, mutiert es zum Sodawasser, serviert man es mit Jägermeister, ändert es seine Bezeichnung in Sadowasser.

Wasserpolizei

Das mag jetzt alles für Sie ein wenig verwirrend sein. Ich denke aber, dass Aufklärung in der Frage der Auswahl des richtigen Wassers wichtig ist, weshalb Sie sich zur Klärung von offen gebliebenen Detailfragen am besten an die Dienststelle der für Sie zuständigen Wasserpolizei wenden, die wegen ihrer Zuständigkeit für den Schutz und die gesundheitliche Unbedenklichkeit der Mineralwasserquellen in manchen Bundesländern auch als Wasserschutzpolizei bezeichnet wird.

Zurück im Restaurant

Sollte Sie der Kellner im Restaurant bei der Bestellung einer Flasche Wasser von oben herab mit der Bemerkung „Mit oder ohne?“ abspeisen wollen, machen Sie ihm klar, dass er es mit einem Mann von Welt zu tun hat, der weiß, wie sein Wasser beschaffen sein muss. Ihre Antwort könnte so ausfallen: „Also zunächst einmal möchte ich keine Industrieplörre, die man Tafelwasser nennt, damit können Sie von mir aus die Reaktoren von Kernkraftwerken kühlen. Stilles Wasser, das Wasser, in dem Fische ficken, wollen Sie mir ja wohl nicht zumuten. Wäre also nur noch zu entscheiden, welches Mineralwasser aus einer der 820 deutschen Quellen ich wählen soll. Ich denke, dass ich mich heute für einen Säuerling mit einem Kohlendioxidgehalt von mehr als 250 mg/l entscheide, der der Quelle unter natürlichem Druck entsprungen ist. Bringen Sie mir also Ihr bestes Selterswasser, aber hurtig, guter Mann.“

Gretchenfrage

Lässt man die Exoten Tafel- und Heilwasser mal außen vor, ist die Gretchenfrage bei einer Bestellung von Mineralwasser doch die, ob man kohlensäurehaltiges oder stilles Wasser trinkt.

Einen ersten Hinweis für die richtige Entscheidung könnten folgende Fakten geben, über die in diesem Zusammenhang immer wieder in der Presse berichtet wird. Wenn es stimmt, dass Kermit, der Frosch aus der Muppet-Show, nur Sprudelwasser trinkt, während die wegen ihrer grandiosen Unwissenheit auch hierzulande bekannte US-amerikanische Politikerin Sarah (Louise) Palin stilles Wasser bei ihren Redeauftritten bevorzugt, ist wegen der damit für mich bewiesenen offensichtlich besseren Durchblutung nicht nur der Mundschleimhaut das Sprudelwasser eindeutig die erste Wahl.

Das Trinken von stillem Wasser ist aber nicht nur abträglich für die geistige Beweglichkeit, an der Wahl des Wassers zeigt sich auch, ob Ihr Gegenüber im Restaurant ein öder Langweiler oder ein vor Esprit und Lebensfreude sprühender Mensch ist, mit dem Sie ein Gespräch führen können, das spannend, witzig und bereichernd ist.

Verdeckter Wassertest

In einer aufwändigen, weil teuren und zeitintensiven Testreihe habe ich zur Verifizierung meiner Hypothese des durch den Konsum von stillem Wasser ausgelösten Alltagswahnsinns in der Spielart der (angetrunkenen) Langeweile 20 Versuchspersonen beiderlei Geschlechts einem verdeckten „Wassertest" unterzogen, und zwar mit folgendem Ergebnis:[87]

Proband(en)	Wasserwahl	Humor	Lebenslust	Kreativität
12	Stilles Wasser	6	6	5-5[88]
5	Kohlensäurehaltiges Mineralwasser	2	2	1-2
2	Sauerbrunnen	2[89]	2	1
1	Selterswasser	1	1	2[90]

Das Ergebnis lässt an Eindeutigkeit nichts zu wünschen übrig und darf als Bestätigung der Kermit-Palin-Hypothese gewertet werden, die übrigens die WamS aufgestellt hat.[91]

Ich denke, Sie wissen jetzt, was zu tun ist, wenn Ihr Gesprächspartner im Restaurant ausdrücklich stilles Wasser

87 Benotung nach Schulnoten: 1 = Sehr gut, ..., 6 = Ungenügend.

88 Höherstufung einer Testperson auf die Note 5 wegen eines brauchbaren Hinweises auf die Entfernung von Rotweinflecken auf Tischdecken mit Sprudelwasser!

89 Leichte Abwertung wohl infolge des exorbitant hohen Kohlendioxidgehaltes von 250 mg/l. Meine Aufzeichnungen vermerken hierzu: „Leichte mentale Eintrübung durch Oxydation des Kohlenstoffs?"

90 Leichte Abwertung: Wegen des permanenten Rülpsens infolge der Gasausdehnung im Magen der Testperson wurde nicht jeder vielversprechende Gedanke auch bis zum Ende ausformuliert, was der Einserbewertung in den Kategorien „Humor" und „Lebenslust" aber nicht entgegensteht.

91 Ausgabe vom 9. 8. 2015, Seite 19.

bestellt. Sie haben keine Zeit, um sie mit Langweilern zu verdaddeln. Vergessen Sie die Volksweisheit, dass stille Wasser tief sind, sie sind es nicht, sie sind vielmehr tückische Untiefen, in denen Ihr Lebensschiff strandet, wenn Sie es nicht schnellstens in ein munter sprudelndes Fahrwasser lenken.

Flossentiere verursachen Sprechdurchfall

Kurzfassung für den eiligen Leser

Geschwätzigkeit kann nach Ansicht von Robert Musil, dem österreichischen Schriftsteller und Theaterkritiker, ein Indiz für eine besondere Spielart der Dummheit bei denjenigen sein, die nicht intellektuell das reflektieren, was sie in einem nicht enden wollenden Redefluss von sich geben und sich damit selbst schaden. Sprechdurchfall kann viele Ursachen haben: Alkohol, Drogen und, was die wenigsten wissen, den Verzehr von Speisefisch, der als interspezifischer biotischer Umweltfaktor mittelbar genverändernd auf das Sprechzentrums eines menschlichen Gehirns einwirkt und dieses zu extremen, krankhaft zu nennenden Anstrengungen stimuliert.

Die wissenschaftliche Diskussion über die gesundheitlichen Gefahren genveränderter, also genmanipulierter Nahrungsmittel wird seit Jahren mit unversöhnlicher Vehemenz zwischen Teilen des politischen Lagers und der Nahrungsmittelindustrie geführt. Dabei geraten die aus meiner Sicht schwerer wiegenden Ursachen und Folgen genverändernder Nahrungsmittel aus dem Fokus, solcher Nahrungsmittel also, deren Konsum sich unmittelbar auf die Struktur des menschlichen Genoms auswirkt. Ich will am Beispiel des in unserer Gesellschaft zunehmend grassierenden Sprechdurchfalls deutlich machen, was ich meine.

Geschwätzigkeit mit dem Schweregrad eines „Sprechdurchfalls“, bei dem die an Logorrhoe Erkrankten ihre Worte nicht mehr halten können und sie aus ihrem Mund nur so herauspurzeln als unablässiger Schwall mehr oder weniger sinnvoller Buchstabenzusammenballungen, die sich im Extremfall zu Wörtern, ja sogar vollständigen, mehr oder weniger verständlichen Sätzen verdichten können, hat verschiedene Ursachen.

Unmittelbar wirkende Ursachen für Sprechdurchfall
Bekannt ist, dass z. B. Alkohol, Koffein oder (andere) Drogen als unmittelbare Auslöser eines zwanghaften Drangs, sich verbal zu vermitteln, in Betracht kommen; dazu müssen Sie keinen Mediziner befragen, das kann Ihnen jeder Barkeeper auf Nachfrage bestätigen.

Heimtückische Logorrhoe Psári
Übermäßig schneller und/oder ununterbrochener Redefluss, also krankhafte Geschwätzigkeit, kann aber auch, was den wenigsten bekannt ist, durch den jahrelangen Verzehr von Speisefisch[92] ausgelöst werden. Die Variante der mittelbar über Genveränderungen wirkenden sogenannten Logorrhoe Psári[93] ist, was sie als besonders gefährlich macht, medizinisch nicht therapierbar, weil sie auf unumkehrbaren Veränderungen des menschlichen Erbguts beruht.

Zwei Fragen sind zum besseren Verständnis der wissenschaftlichen Zusammenhänge zu beantworten, damit Sie auf der Basis solide abgesicherter Informationen Ihre Essgewohnheiten mit Blick auf die Kiemenatmer überdenken können. Erstens, wie kann der Verzehr eines Lebensmittels, hier: Speisefisch, eine erbgutverändernde Wirkung haben, zweitens, wie können sprichwörtlich stumme Fische genetisch eine Charaktereigenschaft an ihre Konsumenten weitergeben, die sie (scheinbar) gar nicht besitzen?

Erbgutveränderung durch Nahrungsmittel
Zur Beantwortung der ersten Frage muss ich etwas weiter ausholen, denn die Zusammenhänge sind recht komplex.

Spätestens seit der Verleihung des Medizin-Nobelpreises im Jahr 2012 an den britischen Mediziner John Gurdon und den japanischen Forscher Shin'ya Yamanaka wissen wir, dass Stammzellen nicht nur aus Embryonen oder Nabelschnurblut gewonnen werden können, sondern dass beliebige ausgereifte Zellen, z. B. Hautzellen, so zurückprogrammierbar sind, dass sie die Eigenschaften einer „pluripotenten" Zelle, also einer beliebigen Zelle, auch einer Stammzelle, erlangen können.

92 Hierzu zählen auch Fischstäbchen, was alle Eltern wissen sollten!
93 „Psári" ist das griechische Wort für Fisch.

Eine rückwärtige Neuprogrammierung der Zellen ist aber nicht nur im Labor durch einen mechanischen Eingriff in die Zellsubstanz möglich, sondern nach Ansicht des Epigenetikers und Stammzellenbiologen Bruce H. Lipton und des Forschers Prof. Carlo Ventura von der Universität Bologna auch durch den gezielten Einsatz positiv emotionsgeladener Umweltfaktoren. Einzelne Probanden ihrer Experimente waren in der Lage, mit positiven Geisteszuständen (Liebe, Empathie, Freude etc.) ihre DNA zu verändern, was den Vertretern des genetischen Determinismus, die den Menschen als „genetisches Opfer" sehen, zu denken geben sollte.

Nachträgliche Zell- und damit auch Erbgutveränderungen sind also möglich, in der Petrischale oder – auf epigenetischem, mithin biologischem Weg – durch die Beeinflussung von Umweltfaktoren, man könnte es als individuelles Gen-Forming verstehen, die auf die Aktivität eines Gens und damit die Entwicklung einer Zelle einwirken.

Interspezifische biotische Umweltfaktoren

Neben den genannten psychosozialen Umweltfaktoren gibt es auch solche biotischer Art, die alle Einwirkungen auf den menschlichen Organismus bezeichnen, auch solche, die von anderen Lebewesen ausgehen, also auch Fischen, womit wir wieder mitten im Thema wären.

Soweit es sich um Umweltfaktoren und Stoffe handelt, die für den Menschen gefährlich sind, werden diese üblicherweise in der sogenannten KMR-Liste erfasst, in der das Institut für Arbeitsschutz der Deutschen Gesetzlichen Unfallversicherung (IFA) die meisten karzinogenen, keimzellmutagenen, also dauerhaft das Erbgut verändernden Umweltfaktoren, und reproduktionstoxischen Stoffe aufgelistet hat. Erstaunlicherweise findet sich dort weder der Begriff „Fisch" – er müsste zwischen Fentinhydroxid und Fluazifop-butyl stehen – noch „Speisefisch" – Nennung zwischen Simazin und Spiroteramat (ISO) fehlt –; folglich gibt es auch keinen Hinweis auf die keimzellmutagenen Eigenschaften diese Nahrungsmittels, was ich mir nur mit einer redaktionellen Schlamperei beim IFA erklären kann, denn die von mir herangezogene KMR-Liste hatte den aktuellen Stand (Juli 2015).

Fischkonsumenten

Dass es sich um ein Redaktionsversehen handeln muss, zeigt schon eine einfache Überlegung: Fischhändler sind bekanntlich die geschwätzigsten Menschen, die man sich vorstellen kann, was zumindest derjenige weiß, der schon einmal einen Fischmarkt in Hamburg besucht hat. Ist das in penetranter Lautstärke geführte und auch ansonsten nervige Verkaufsgespräch endlich beendet, wickelt diese zwanghaft kommunizierende menschliche Spezies ihr Produkt noch in Zeitungspapier ein, um letzte versteckte Botschaften bis in die Küche des Kunden zu lancieren. Das ist einfach krank und nur durch genetische Veränderungen infolge des allzu häufigen Genusses von Speisefisch zu erklären, der seine genetischen Anlagen – wir kommen gleich dazu – auf diesem Weg überträgt.

Angler, ebenfalls extreme Fischkonsumenten, sind kein taugliches Gegenbeispiel. Die ihnen nachgesagte Schweigsamkeit beruht einzig und allein darauf, dass der in den Genen durch die einseitige Nahrungsaufnahme angelegte Geschwätzigkeitsimpuls durch starke Depressionen überlagert wird; sie sind also nichts anderes als depressive Schwätzer. Geben Sie einem Angler mal zwei, drei Flaschen Schnaps zu trinken und er redet wie ein Buch.

Ich betrachte damit die Frage, ob der Verzehr von Speisefisch erbgutverändernde Wirkung hat, als beantwortet. Kommen wir nun zur Beantwortung der zweiten Frage.

„Laut wie ein Fisch"

Die Redensart „stumm wie ein Fisch" leitet sich von der irrigen Annahme ab, dass Fische keine Laute von sich geben können. Das ist, sieht man einmal von ihrem eingeschränkten Sprachvermögen post mortem ab, ein fundamentaler Irrtum, der sich bedauerlicherweise seit Jahrhunderten in der Umgangssprache hartnäckig gehalten hat. Das Gegenteil ist richtig, worauf bereits im Jahr 1914 ein gewisser H. Belka in seinem Traktat „Fische, die nicht stumm sind" unter Berufung u. a. auf die Deutsche Tiefsee-Expedition aus dem Jahr 1907 hingewiesen hat, die einen den Schiffspudel irritierenden knurrenden Fisch aus den Tiefen des Meeres ans Tageslicht beförderte.[94] Aktuelle Forschungsergebnisse bestätigen diese These. Der durch Unterwasserbewohner erzeugte Lärmpegel ist beachtlich, was nicht verwundert angesichts der Tatsache von mehr als 800 mit ihrer Umwelt lautstark kommunizierenden Fischarten, von denen die singenden Wale und Orcas bzw. die schnatternden Delfine zu den bekanntesten Tonkünstlern ihrer Gattung gehören; dass allerdings Lippfische wie das Nebelhorn eines Schiffes tuten und Heringe furzen zählt nicht zum Allgemeinwissen, ist deshalb aber nicht weniger richtig. Der durch Fische erzeugte Unterwasser-Lärmpegel ist beachtlich und steigt infolge des sogenannten Lombard-Effekts – auch begünstigt durch den Lärm von Schiffsmotoren und sich in den Meeresgrund schraubenden Bohrköpfen – immer weiter an.

Lombard- Effekt

Der französische Wissenschaftler Étienne Lombard hat bereits im Jahr 1911 herausgefunden, dass Lautstärke und Tonlage des Sprechenden von dem Umgebungsgeräuschpegel abhängig sind. Wird der Informationsaustausch mit dem Gesprächspartner durch einen intensiven „Störschall" von Hintergrundgeräuschen erschwert, erhöht der Sprechende seine Lautstärke, Tonhöhe, auch die Wortdauer und Aussprachefrequenz, was den Geräuschpegel sukzessive in schwindelerregende Höhen treibt. Ein Effekt, den Besucher von Geburtstagsfeiern, Schützenfesten oder „typisch" italienischen Restaurants, die architektonisch als Großraumbüro angelegt sind, ohne langes Nachdenken aus eigener Erfahrung bestätigen können.

Die Professorin Carol Johnston, die an der Universität von Auburn, Texas, lehrt, hat nun herausgefunden, dass der Lombard-Effekt auch für das Verhalten von Fischen gilt. Die von ihr in einer mehrjährigen Testreihe untersuchte Karpfenart „Blacktail Shiners" grummelte fortissimo, wenn man ihr Aquarium im Labor vor lärmende Lautsprecherboxen stellte.[95]

---

94 Siehe Die Burg. Illustrierte Zeitschrift für die studierende Jugend, 2. Jahrgang, Seite 198f. (Herausgeber Prof. J. Hartorius und Oberlehrer K. Faustmann).

95 Siehe Johnston, Evidence of the Lombard effect in fishes, Behavioral Ecology 2014.

Fische, dies dürfte nun bewiesen sein, sind – genetisch bedingt – in hohem Maß geschwätzig, ja, schrecken nicht einmal davor zurück, Lärmangriffe auf ihre Umgebung zu unternehmen, wenn sie sich nach eigener Einschätzung mit ihren Botschaften nicht ausreichend wahrgenommen fühlen.

Du bist, was Du isst

Und was glauben Sie, wie es sich auf das in Ihren Genpool angelegte Artikulationsbedürfnis auswirkt, wenn Sie Unmengen dieser flossenbewehrten Schwätzer in sich reinschaufeln?

Ich lasse Sie bei der Suche nach einer Antwort jetzt allein, gebe aber zu bedenken, dass in der frühen menschlichen Embryonalentwicklung die Augen seitlich (!) am Kopf liegen und Oberlippe, Kiefer und Gaumen im Halsbereich als kiemenähnliche (!) Strukturen angelegt sind. Das sollte Ihnen, was Ihren Fischkonsum betrifft, zu denken geben. Sie wollen ja wohl nicht riskieren, eines Tages als dauerquasselndes Flossentier aufzuwachen.

VOR- UND NACHBERUFLICHE TÄTIGKEITEN

Berufswahlschranke für Mittelschichtler

Kurzfassung für den eiligen Leser

Talent, Fleiß und Beharrlichkeit reichen nicht aus, um einen der rar gesäten Top-Jobs in der deutschen Wirtschaft zu bekommen. Wenn der durch das familiäre Umfeld vorgelebte Habitus mit dem Lebensstil der Oberschicht nicht kompatibel ist, stehen Sie wegen Ihrer kleinbürgerlichen Herkunft vor einer unüberwindbaren Berufswahlschranke. In Einzelfällen gelingt es immer mal wieder, die Defizite durch ein intensives und teures Habitus-Training an einem der zahlreichen darauf spezialisierten Elite-Institute zu beseitigen. Die Quote der Studienabbrecher ist allerdings hoch.

Während die Ausübung des Berufs durch Gesetz oder aufgrund eines Gesetzes geregelt werden kann, haben alle Deutschen das Recht, ihren Beruf „frei zu wählen". So bestimmt es jedenfalls der Artikel 12 Absatz 1 unseres Grundgesetzes.

Für die Freiheit der Berufswahl gibt es also keine rechtlichen Schranken, aber ungeschriebene Restriktionen, die im Ergebnis die Berufswahlfreiheit stärker einschränken als es ein Gesetz je vermöchte.

Ist Elite lernbar?

Bei dem vor allem unter Soziologen erbittert geführte Meinungsstreit, ob die Gene oder das soziale Umfeld für den Karriereweg entscheidend sind, geht es im Kern um das Thema „Gerechtigkeit" in der Variante „Chancengleichheit" – eines der zentralen Versprechen aller westlichen Demokratien an ihre Staatsbürger.

Neuere Forschungsergebnisse zu diesem Thema stützen die These, das Herkunftsprinzip, also die Zugehörigkeit zur elitären gesellschaftlichen Schicht, sei der entscheidende Faktor für den beruflichen Aufstieg in das Spitzenmanagement der Konzernwelt und Hochfinanz.

Schon die eine Zahl ist sehr entlarvend, die der Soziologieprofessor Michael Hartmann[96] nennt, der über das Thema nationale und internationale „Eliten“ schon seit vielen Jahren forscht: 80% der deutschen Spitzenmanager gehören zur Oberschicht, also zu den 3,5% der Bevölkerung, die in dieser Republik den Ton angeben.

Eliteschulen und -universitäten

An diesem Ergebnis würde, so lautet eine weitere Erkenntnis des Eliteforschers, auch ein Mehr an Chancengleichheit im Bildungsbereich nichts ändern, etwa mehr Bildungsmobilität (Erreichen eines besseren Bildungsabschlusses als die Eltern)[97] oder mehr Gerechtigkeit bei den Gymnasialempfehlungen[98], denn Talent und Fleiß entscheiden – anders als z. B. in wissenschaftlich geprägten Berufen – nicht über den Zugang zu den Top-Jobs, ermöglichen günstigstenfalls den Aufstieg von der Unter- in die Mittelschicht – und ob Sie sich das wünschen sollten, ist, wie noch zu zeigen sein wird, höchst zweifelhaft, es sei denn, Sie haben einen ausgeprägten Hang zur finanziellen Selbstausbeutung.[99]

Selbst der erhebliche finanzielle Aufwand, der für Sie mit einem Besuch Ihrer Lieblinge von Privatschulen und universitären Eliteinstituten verbunden ist, erhöht die Chance, ein Ticket in die Upper Class zu lösen, nur in Ausnahmefällen, die das elterliche Investment nicht rechtfertigen. So haben es „gerade einmal zwei Absolventen der renommierten European Business School und der WHU Otto Beisenheim School of

96 Siehe zuletzt Michael Hartmann, Soziale Ungleichheit – Kein Thema für Eliten?, 2013.

97 Nach einer repräsentativen Umfrage des Instituts für Demoskopie Allensbach im Auftrag der Vodafone-Stiftung Deutschland zu Bildungsambitionen und Erziehungszielen von Eltern aus dem Jahr 2011 besuchen nur knapp 30% der Kinder von Eltern mit einfacher Schulbildung ein Gymnasium.

98 Die im Dezember 2011 veröffentlichte IGLU (Internationale Grundschul-Lese-Untersuchung)-Studie belegt, dass bei gleichen kognitiven Fähigkeiten und gleicher Leseleistung Kinder aus bildungsnahen Haushalten eine mehr als zweieinhalbmal so große Chance haben, von ihren Lehrern und Eltern eine Gymnasialempfehlung zu bekommen, als Kinder von bildungsfernen Haushalten.

99 Zur staatlich verordneten Ausbeutung der Mittelschicht siehe unten Seite 133 ff.

Management in den Vorstand eines der 100 größten deutschen Unternehmen geschafft", lautet die ernüchternde Analyse von Michael Hartmann.

Sie müssen jetzt nicht gleich depressiv werden, weil Sie um die berufliche Zukunft Ihrer Kinder fürchten. Gut, Kevin löst sehr wahrscheinlich keine Eintrittskarte für die Oberschicht, aber eine Karriere vom Tellerwäscher zum Millionär, die Erfüllung des US-amerikanischen Traums, ist durchaus noch drin – zwar nicht als Vorstandsmitglied eines global agierenden Unternehmens, aber als Geschäftsmann, der sich mit seinen zehn Pommes-Buden in der City dumm und dämlich verdient; auch kann er als Arzt oder Rechtsanwalt den Sprung in das gehobene Bürgertum schaffen, was neben einem meist recht ordentlichen Einkommen auch noch mit einem Schuss Sozialprestige verbunden ist.

Säule des Establishments?

Wenn Sie für Ihr Kind mehr wollen, müssen Sie sich folgende Frage stellen: Wenn Schulnoten und Hochschulabschlüsse nicht die entscheidenden Erfolgsfaktoren für einen Aufstieg in die Chefetagen der Großunternehmen sind, was qualifiziert den Nachwuchs dann für die rar gesäten Top-Positionen in unserer Gesellschaft?

Wollen Sie das wirklich wissen? Auch dann, wenn die Antwort erkennen lässt, dass das Erreichen des Ziels für Ihre Kinder unmöglich ist? Nun gut, in einem Satz, weil der Schmerz sonst unerträglich wird: Es ist der Habitus der Eliten, der von dem durch Ihre Mittelschichtzugehörigkeit geprägten Denken, Fühlen und Handeln so weit entfernt ist wie die Erde vom Mond.

Ausweg: Habitus-Training?

Wenn Lebensstil, Sprache, Kleidung, Geschmack, souveränes Auftreten etc., also alle Merkmale, die als soziale Persönlichkeitsstruktur den Mitgliedern einer Gruppe gemeinsam sind, durch das häusliche Umfeld vorgelebt werden, wird es für Angehörige der Mittelschicht schwierig bis unmöglich, diese Kluft zu überbrücken, es sei denn, Sie schicken Ihr Kind zu einem professionellen Habitus-Trainer, der sich der Defizite annimmt und ihr Kind für den sozialen Aufstieg in die Oberschicht fit macht.

Das ist jedoch nicht unbedingt jedermanns Sache. An der European Habitus School (EHS) in London beginnt der Tag gleich nach dem Frühstück um 5.15 Uhr aus Gründen der Selbstkonditionierung mit dem Absingen aller 24 Strophen des Lieds von Franz Josef Degenhardt „Spiel nicht mit den Schmuddelkindern, sing nicht ihre Lieder. Geh doch in die Oberstadt, mach's wie deine Brüder!" und endet beim Abendessen, kurz vor der Nachtruhe, die ab 18 Uhr angesetzt ist, mit dem sachgemäßen Öffnen und Verspeisen von zwei Dutzend roher Austern aus der Normandie – pro Student. An letztgenannter Aufgabe ist schon so mancher Lernwillige gescheitert und hat sein Studium vorzeitig abgebrochen. „Mama, ich kann das nicht!" Bei manchen Unterrichtseinheiten, hierzu zählen auch das Zeigen des V-Fingers in Ackermannscher Manier, das beharrliche Leugnen und Kleinreden von offensichtlich kriminellen Handlungen oder auch beim wichtigen Strategiethema „Wie schaffe ich mein Schwarzgeld am Fiskus vorbei ins Ausland?", sind, das muss man klar erkennen, Kinder von Mittelschichtlern häufig überfordert.

Das Tröstliche, Studienabbrechern an der EHS gelingt es immer wieder, mit dem erworbenen Halbwissen um den Habitus der Oberschicht eine erfolgreiche Karriere als Hochstapler oder Finanzjongleur zu starten, worauf auch der Hausprospekt der Eliteschule auf der Seite 24 unter der Überschrift „Das Studium bei uns lohnt sich immer" dezent hinweist. Aber das haben Sie wahrscheinlich schon selbst gelesen.

S wie Selbstbedienung

Kurzfassung für den eiligen Leser

(Nordrhein-westfälische) Sparkassenvorstände sind, wie böse Zungen behaupten, mit einer soliden Selbstbedienungsmentalität gesegnet. Dieser Verdacht drängt sich jedenfalls auf, wenn man auf die von den Sparkassenverbänden im März des Jahres 2016 präsentierten „Empfehlungen" für eine – auf Drängen der politischen Führung des Landes – strukturellen Neuordnung der von ihnen selbst (!) festgesetzten Regelungen zur Vergütung und Alterssicherung blickt. Dass dieser Verdacht allerdings unbegründet ist, darauf wies dieser Tage zur

Beruhigung der Öffentlichkeit Andreas Löbbe, der Pressesprecher des Sparkassenverbandes Westfalen-Lippe hin: „Das ist nur die halbe Wahrheit, weil im Verwaltungsrat des Verbands ja auch zum großen Teil kommunale Vertreter der Verwaltungsräte der einzelnen Sparkassen sitzen, und die stimmen den Empfehlungen ja zu. Das hier eine Selbstbedienungsmentalität herrscht, weisen wir stark zurück.“[100] Ach, soooo!

Und ich dachte immer, dieser dicke, fette Buchstabe, dieses markant gestauchte mit dem roten Punkt darüber, stünde als Logo für den Begriff „Sparkasse“. Das ist aber falsch. Diese Corporate Design-Ikone mit der gedämpft roten Farbe HKS 13, im Jahr 1972 von Otl Aicher, einem der großen deutschen Grafikdesigner des 20. Jahrhunderts kreiert, symbolisiert vielmehr den Begriff „Selbstbedienung“.

wie Selbstbedienung

Diese Interpretation des Sparkassen-Logos lässt sich durch § 2 Absatz 3 Satz 2 des Sparkassengesetzes NRW stützen, der als einen der dort genannten diversen öffentlichen Aufträge der Sparkassen auch den Grundsatz festschreibt: „Gewinnerzielung ist nicht der Hauptzweck des Geschäftsbetriebes“. Und diesen gesetzgeberischen Auftrag nimmt man in den Vorstandsetagen der nordrhein-westfälischen, weit überwiegend als Anstalt des öffentlichen Rechts organisierten Sparkassen sehr ernst, denn die leitenden Damen und Herren sorgen durch opulente Gehälter und fürstlich zu nennende Pensionsrückstellungen[101] dafür, dass die an den kommunalen Träger abzuführenden Gewinne kräftig abschmelzen bzw. erst gar nicht anfallen.

Selbst die Vorstandsvorsitzenden der Sparkassen mit einer Personalverantwortung für nicht viel mehr Mitarbeiter als ein durchschnittlicher Ponyhof Zureiter und Stallburschen beschäftigt und einer Bilanzsumme, die nur geringfügig über dem im Bundesdurchschnitt auf einem Postsparbuch von den Großeltern für ihre Enkelkinder bis zu deren 18. Lebensjahr

100 Interview in den Ruhr Nachrichten vom 13.2.2016.

101 Bei mehr als der Hälfte der nordrhein-westfälischen Sparkassen werden 20% des Gewinns für Gehälter und Pensionen der Vorstände verwendet. Bei der Deutschen Bank sind es 2%.

angesparten Guthaben liegt[102], verdienen mit Blick auf den damit verbundenen Grad der Verantwortung mehr als z. B. ihre Kollegen bei der Deutschen Bank, die weltweit ca. 100.000 Mitarbeiter beschäftigt und eine Bilanzsumme von 1,6 Billionen (!) für das 4. Quartal 2015 ausweist. Experten wie Prof. Dr. Ralf Jasny von der Frankfurter University of Applied Sciences schätzen, dass Sparkassenvorstände in Relation zur Bedeutung ihrer Institute fünfmal so viel verdienen wie die Vorstände der Deutschen Bank.

Öffentliche und private Daseinsvorsorge …

Da fragt man sich als Bürger doch spontan, wie so etwas möglich ist, denn Sparkassen werden von den nordrhein-westfälischen Gemeinden und Gemeindeverbänden mit Genehmigung der Aufsichtsbehörden in der Rechtsform einer (kommunalen) Anstalt des öffentlichen Rechts nach den Vorschriften des Sparkassengesetzes des Landes errichtet, das diese Wirtschaftsunternehmen auf eine „dienende“ Funktion gegenüber der „Bevölkerung“ und „örtlichen Wirtschaft“ verpflichtet, u. a. der Versorgung des „Mittelstandes“, also nicht des (Sparkassen-)Vorstands, und „wirtschaftlich schwächeren Bevölkerungskreise“ mit Krediten.[103] Damit sind sie Teil der kommunalen Daseinsvorsorge, die ein Element des im Artikel 20 Absatz 1 des Grundgesetzes verankerten Sozialstaatsprinzips ist, was aber, wie gezeigt, nicht bedeutet, das die ersten Diener dieser vom Gemeinderat errichteten, gesteuerten und kontrollierten Kreditinstitute sich wegen der dem Sozialstaatsgedanken verbundenen Aufgabenstellung mit einem diesem Selbstverständnis entsprechenden Managergehalt begnügten.

… mit tarifvertraglicher Absicherung

Und dieses „Managergehalt“, das von den Profiteuren mit der bis Ende des Jahres 2002 weggefallenen Gewährträgerhaftung

102 Beispiel: Stadtsparkasse Delbrück: Bilanzsumme 296 Mio., Vergütung des Vorstandschefs im Jahr 2014: 238.000 €. Spitzenreiter der Gehaltspyramide ist der Chef der Stadtsparkasse Köln-Bonn mit ca. 750.000 € bei einer Bilanzsumme von ca. 27 Mrd. (s. Ruhr Nachrichten vom 13.2.2016).

103 Siehe § 2 Absatz 1 in Verbindung mit § 2 Absatz 2 des Sparkassengesetzes NRW.

der Kommunen für die Sparkassen[104] gerechtfertigt wird, ist übrigens, halten Sie sich fest, an die „Tarifentwicklung im Öffentlichen Dienst“ gekoppelt, was nichts anderes bedeutet, als dass die ab 1. 3. 2016 von der Gewerkschaft erkämpfte Tariflohnerhöhung von 2,3 % für gewöhnliche Sparkassenmitarbeiter die an die Vorstände gezahlten Vergütungen um eben diesen Prozentsatz erhöht! Eine mehr als seltsame Verknüpfung von Vergütungsgrundsätzen für die Mangerbesoldung in der freien Marktwirtschaft einerseits und den nach der Entgelttabelle TVöD-S für Beschäftigte der Sparkassen geltenden gehaltsbildenden Faktoren andererseits.

Gehaltvoller Ruhestand

Und so richtig abenteuerlich wird es, wenn man auf die Pensionsregelungen für die Vorstände blickt. In NRW ist sie zurzeit noch als betriebliche Altersversorgung in Form einer – voll von der Kommune finanzierten – Direktzusage gestaltet, die den Vorständen bereits mit Beginn einer zweiten fünfjährigen Amtszeit eine Pension in Höhe von 40 % ihres Jahresfestgehalts garantiert.[105] Natürlich ist damit noch nicht das Ende der Fahnenstange erreicht: Der genannte Prozentsatz steigt alle fünf Jahre um 5 % bis zur Grenze von 55 %, die nach 25-jähriger Vorstandstätigkeit dieser im öffentlichen Auftrag tätigen „Manager“ mit öffentlich-rechtlicher konstruierter Besitzstandsicherung erreicht ist.

„Modell Amigo“

Es profitiert aber nicht nur der Vorstand, auch die Mitglieder des Aufsichtsrats, der bei den Sparkassen Verwaltungsrat genannt wird, leben nicht schlecht im Zeichen des Selbstbedienungslogos. Hierzu nur ein Beispiel. Da eine Tätigkeit im Verwaltungsrat einer Sparkasse „ehrenamtlich“ ausgeübt wird, gilt die ansonsten für die Arbeit von Landräten und Bürgermeistern in Verwaltungsräten eingeführte Deckelung der Einkünfte auf 6.000 € pro Jahr nicht. Böse Zungen mutmaßen deshalb, dass so eine Gemengelage geschaffen wird, in der gut

---

104 Siehe § 7 Absatz 2 Sparkassengesetz NRW.

105 Dem Vorstandsvorsitzenden der Stadtsparkasse Delbrück, siehe oben Fußnote 102, steht also mit Beginn seiner zweiten fünfjährigen Amtszeit ein jährlicher Pensionsanspruch von 95.200 € zu.

honorierte Verwaltungsräte sich motiviert fühlen könnten, leichten Herzens die Gehälter der Vorstände abzusegnen, die auf der Grundlage der Richtlinien der nordrhein-westfälischen Sparkassenverbände Westfalen Lippe (SVWL) und Rheinland (RSGV) festgesetzt werden. Dass im Verwaltungsrat der Sparkassenverbände auch Vorstände der Sparkassen sitzen und so über die Richtlinien der eigenen Vergütung abstimmen, verwundert da eigentlich nicht mehr sonderlich.[106]

Jetzt wird alles anders?

Die von den Managern eigenhändig angerührte Melange aus opulenten Gehältern und fürstlichen Pensionen hat, wen wundert's, die Politik auf den Plan gerufen. Norbert Walter-Borjans, seines Zeichens Finanzminister in NRW, forderte bereits im Jahr 2013 im Landtag von den Sparkassenverbänden ein „Abschmelzen" der Pensionen, verbunden mit einer auch für die Managervergütungen „substanziellen Modernisierung" und drohte mit einer „gesetzgeberischen Regelung" im Untätigkeitsfall.

Die Vorschläge für eine „Modernisierung von innen" liegen nun nach dreijähriger Zeit des intensiven Nachdenkens auf dem Tisch. Der SVWL und der kleinere RSGV haben im März des Jahres 2016 der sich verwundert die Augen reibenden Öffentlichkeit nur graduell voneinander abweichende „Empfehlungen" präsentiert, die unverschämt zu nennen stark untertrieben wäre.

Bei der Vergütung soll im Kern alles so bleiben wie es war. Die Bilanzsumme bleibt die Bemessungsgrundlage für das Jahresfestgehalt, das bei den Vorstandschefs um 10 % erhöht werden und für alle Vorstände durch den Verwaltungsrat um weitere 15 % in Gestalt einer „leistungsbezogenen Zulage" heraufgesetzt werden kann.

Die Pensionen in Form einer Direktzusage sollen nach den „Empfehlungen" zugunsten einer beitragsfinanzierten Alterssicherung, die die zu Lasten der Kommunen bisher üblichen gewinnmindernde Rückstellungen in den Bilanzen entbehrlich macht, gekippt werden, dies meint jedenfalls der RSGV. Dieses

106 Das grundgesetzlich abgesicherte beamtenrechtliche Alimentationsprinzip lässt ähnliche Kuriositäten zu; siehe dazu Greck, Rein rechtlich ist das alles kein Problem, 2015, Seite 15 ff.

wahrlich revolutionäre Modell der Alterssicherung sieht stattdessen vor, dass jedem Vorstandsmitglied, in 5-%-Schritten steigend, jährlich zusätzlich 20 % bis in der Spitze 35 % seines Jahresgehalts zum Aufbau einer Alterssicherung gezahlt werden!

Der Griff in die Gemeindekasse

wie Selbstbedienung. Auch der NRW-Finanzminister fühlt sich auf den Arm genommen, ihm „... drängt sich der Verdacht auf, dass der Wille zu einer grundlegenden Korrektur eher begrenzt ist ...“. Also, das ist sehr zurückhaltend formuliert, wie Politiker es wohl tun müssen. Ich bin nicht dem Diktat der political correctness verpflichtet und sage deshalb frei heraus, dass sich die Sparkassenvorstände im Verbund mit ihren Handlangern aus dem politischen Lager so verhalten wie ein katholischer Pfarrer, sagt man Priester (?), der den sonntäglichen tiefen Griff in den Klingelbeutel mit seinen besonderen Berufsrisiken und herausragenden Leistungen bei der spirituellen Versorgung seiner Gemeinde rechtfertigt. Von seinem Dienstherrn zur Ordnung gerufen, also vom Papst, lässt er seine Hände fortan aus dem Klingelbeutel und bedient sich stattdessen aus dem gut gefüllten Spendentopf von „Brot für die Welt“.

Mein Rat: Meiden Sie Vorstandsjobs bei den (nordrheinwestfälischen) Sparkassen, lassen Sie sich nicht durch das hier existierende System von mit leichter Hand aus dem Staatssäckel gewährten Wohltaten zu Lasten der Allgemeinheit korrumpieren, erkämpfen Sie sich stattdessen durch Ihren persönlichen Einsatz mit ungehemmter Brutalität und Verschlagenheit als ein überzeugter Vertreter der „Dunklen Triade“[107] ihren beruflichen Aufstieg in der Privatwirtschaft. Sie wollen sich doch wohl noch morgens im Spiegel betrachten können.

Altersarmut – so sicher wie das „Amen“ in der Kirche

Kurzfassung für den eiligen Leser

Die Niedrigzinspolitik des in Frankfurt a. M. ansässigen, von Herrn Draghi geführten EZB (Europäisches Zentrum für Ban-

107 Siehe hierzu unten Seite 103 ff. (James Bond-Filme).

kenrettung) ist gut für Kreditinstitute, aber schlecht für den konservativ denkenden Sparer, der, bedingt durch Mini-Zinsen und die inflationäre Geldentwertung, seine im Alter zu erwartende karge Rente aus der gesetzlichen Rentenversicherung nicht mehr durch private Vorsorgemaßnahmen in dem zur Vermeidung von Altersarmut erforderlichen Umfang ergänzen kann. Wie Sie in diesen draghischen Zeiten als zukünftiger Rentner den Absturz in das Pensionärs-Prekariat vermeiden? Nun, es gibt da ein paar Möglichkeiten.

Zur finanziellen Stützung von jedenfalls „systemrelevanten" Geldinstituten, von denen die meisten durch die Finanz- und Griechenlandkrise arg ins Schlingern gerieten, erdachte ein von Herrn Draghi geleitetes, in Frankfurt a. M. ansässige EU-Organ zur Stützung von Banken das Modell der Niedrigzinspolitik, weshalb diese vom europäischen Steuerzahler alimentierte Institution auch „Europäisches Zentrum für Bankenrettung", kurz EZB, genannt wird.

Zunächst muss man kritisch feststellen, dass diese Bezeichnung eigentlich zu kurz greift, denn von der lockeren Geldpolitik des EZB, die den Geldmarkt für Wirtschaftskredite immer noch mit Euro flutet, profitieren auch Staaten, u. a. die Staaten, deren Schulden mangels einer soliden Haushaltsführung explodiert sind und die sich deshalb beim EZB in regelmäßigen Abständen „frisches Geld" besorgen müssen, um z. B. die von ihnen ausgereichten Staatsanleihen zum nächsten Fälligkeitstermin bedienen und überhaupt ihre Staatsmaschinerie in Gang halten zu können; wir sprachen darüber.[108] Eigentlich müsste das EZB deshalb EZBSS heißen, also „Europäisches Zentrum für Bankenrettung und sozialisierten Staatsbankrott". Doch bleiben wir der Einfachheit halber beim sprachlich kernigen „EZB".

Drakonischer Draghirismus

Es liegt auf der Hand, dass man von einer Institution mit einem derart multiplen Aufgabenzuschnitt nicht auch noch erwarten kann, dass ihre geldpolitische Strategie die Interes-

108 Siehe oben zu dem mit einem übermäßigen Gyros- und Ouzo-Konsum verbundenen Realitätsverlust in der europäischen Finanz- und Wirtschaftspolitik, Seite 66 ff.

sen der so genannten kleinen Leute berücksichtigt, die ihre Ersparnisse, vorsorgend für das Alter, wie es landauf landab von der Politik gepredigt wurde und wird, auf Sparbüchern, Tages- und Festgeldkonten, in Kapitallebensversicherungen oder Eigenanteilen zum Aufbau einer betrieblichen Altersversorgung investiert haben.

Und nun wird gerade dieser – neben der, wie alle wissen, längst unzureichenden Altersvorsorge über eine gesetzliche Rentenkasse – unter Vernachlässigung der aktuellen Bedürfnisse zur Vorsorge gegen drohende Altersarmut angesparte „Notgroschen" durch die Niedrigzinspolitik des EZB schleichend entwertet, und zwar in einem Maße, das es enteignenden Charakter angenommen hat. So soll nach Berechnungen der DZ Bank, dem Zentralinstitut der Volks- und Raiffeisenbanken, der deutschen Sparer seit Beginn der Finanzkrise durch die Geldpolitik des EZB ca. 350 Mrd. € Zinsen verloren haben.

Vorsorgendes Sparen, so lautet die Botschaft des EZB, macht keinen Sinn mehr, denn das Ersparte schrumpft, bedingt durch die Inflation, die die Mini-Guthabenzinsen konservativer Geldanlagen aufzehrt, Jahr für Jahr. Tatsache ist, die Deutschen werden ärmer. Die Auswirkungen dieser aus der Sicht des Sparers verfehlten Geldpolitik des EZB werden vor allem im Alter spürbar werden, wenn niedrige Renten nicht mehr durch private Vorsorgemodelle in ausreichendem Maß ergänzt werden können. Ein glasklarer Fall von Alltagswahnsinn in der Finanz- und Wirtschaftspolitik.

Gegenstrategien in draghischen Zeiten

Wenn für Sie als konservativ denkender Otto Normalverbraucher in Sachen Geldanlage der – jedenfalls in Kreisen milliardenschwerer Wüstensöhne durchaus verbreitete – Kauf einer englischen Fußballmannschaft aus Glaubensgründen ausscheidet, etwa weil Sie überzeugter Fan unseres geliebten BVB 09 sind, Ihnen der Kauf einer sündhaft teuren Luxusimmobilie im Herzen der Londoner Innenstadt wegen der mittlerweile überwiegend osteuropäischen Nachbarschaft als nicht erwägenswert erscheint, weil Sie es lieber ländlich mögen, ein größeres Investment in den mittlerweile wieder als ertragssicher geltenden Kokainmarkt[109] wegen Ihrer eigenen einschlägigen Drogenerfahrung und einem befürchteten Rückfall in die Abhängigkeit ausscheidet, dann, das ist die unangenehme Wahrheit, bleiben Ihnen eigentlich nicht mehr viele Alternativen für eine von Draghis Niedrigzinspolitik unbeeinflussbare Absicherung gegen die drohende Altersarmut.

Falls Sie jetzt spontan an exotische Exit-Strategien denken sollten, etwa an Kälber-Thymus-Kuren, Wachstumshormone oder daran, sich für die nächsten 30 Jahre Einfrieren zu lassen[110], dann darf ich vorsorglich darauf hinweisen, dass diese Methoden Sie zwar dem Vernehmen nach bedingt gegen das Altern, gegen Altersarmut aber nur die Anbieter dieser Anti-Aging-Therapien schützen.

Oh, wie schön sind Panama, Delaware und Jersey!

Ein erfolgversprechender Ausweg, Schwarzgeld hochverzinslich und sicher vor dem Zugriff des deutschen Fiskus unterzubringen, ist Panama – Sie wissen schon, diese winzige mittelamerikanische Steueroase mit dem Kanal, die seit der Veröffentlichung der „Panama Papers“ aus der Anwaltskanzlei Mossak Fonseca in aller Munde ist. Die ganze Aufregung um diese Papiere ist für mich allerdings nicht recht verständlich, denn schon seit dem 15. 3. 1978, also seit dem Tag der Veröffentlichung des als Kinderbuch getarnten Kapitalanlageratgebers von Janosch mit dem Titel „Oh, wie schön ist Panama“, war das alles bekannt.

Natürlich können Sie auch nach Delaware fliegen und Ihr Geld in eine Briefkastenfirma, von denen es dort mehr als 600.000 gibt, einbringen, wie es die meisten Weltkonzerne längst getan haben. Wenn Sie Flugangst haben, dann fahren Sie mit dem Schiff hinüber zur britischen Kanalinsel Jersey,

109 An der New Yorker Wall Street und in London verdienen die Investmentbroker wieder richtig langes Geld bei der Vorbereitung der nächsten weltweiten Finanzkrise; siehe hierzu auch Greck, Rein rechtlich ist das alles kein Problem, 2015, Seite 260, 261.

110 Tod infolge eines Gefrierbrandes beim langfristigen Konservieren humanoiden Zellmaterials gilt nach den meisten AGB der einschlägig spezialisierten Unternehmen übrigens als Verletzung nachvertraglicher Obliegenheiten durch den Eingefrorenen, die das Unternehmen zum sofortigen entschädigungsfreien Abbruch des Gefriervorgangs berechtigt!

die nicht nur für ihr gutes Wetter, schöne Strände und eine hervorragende Küche mit französischem Flair bekannt ist, sondern auch als Gründungszentrum für Offshore-Unternehmen einen guten Ruf genießt, worauf schon am Flughafen Plakatwände aufmerksam machen, auf denen sich hilfsbereite Rechtsanwälte, Steuerberater und andere Vermögensmaximierer wie leichte Mädchen in Hafenspelunken anbieten.

Falls Sie kein Schwarzgeld erwirtschaftet haben, seien Sie unbesorgt, der Trick mit einer anonymen Briefkastenfirma und anderen Spielarten der anrüchigen Geldvermehrung funktioniert, wenn es denn unbedingt sein muss, auch mit versteuertem Geld. Um einer peinlichen Situationen bei der Übergabe des Geldes an den Vermittler vorzubeugen und ihn nicht zu irritieren, empfiehlt es sich allerdings, diesen Fakt sicherheitshalber zu verschweigen.

FREIZEITGESTALTUNG

Urlaubsstress ist unvermeidbar, also …

Kurzfassung für den eiligen Leser
Verzichten Sie auf Ihren Jahresurlaub, das bringt sowieso nichts, er löst bei Ihnen im Ergebnis dieselben Stresssymptome aus, wie sie auch durch Ihre tägliche Anwesenheit am Arbeitsplatz entstehen. Legen Sie das Geld für die nächste Pauschalreise besser gewinnbringend an, schackern einfach munter weiter – und hoffen das Beste für Ihre Gesundheit.

Ich denke, dass die Japaner da den falschen Weg gehen. Die Entscheidung des japanischen Arbeitsministeriums, den Arbeitnehmern pro Jahr fünf Pflicht-Urlaubstage aufzubrummen, ist eine zum Stressabbau, den man jetzt auch im Land der aufgehenden Sonne als Auslöser körperlicher und psychischer Gesundheitsbeschwerden durch die Arbeit identifiziert hat, nur bedingt geeignete Maßnahme.

Japanischer Zwangsurlaub

Hintergrund dieser Gesetzesinitiative ist, dass die werktätigen Töchter und Söhne Nippons ihren gesetzlichen Urlaubsanspruch von zehn Arbeitstagen pro Jahr, der sich übrigens im Laufe eines langen Erwerbslebens maximal verdoppeln kann[111], nur teilweise – üblich ist, die Hälfte des Urlaubskontingents oder ein vollständiger Verzicht, wie dies ca. 20 % der japanischen Kollegen tun – in Anspruch zu nehmen.

Diese extreme Form der Selbstausbeutung ist dem japanischen Arbeitnehmer deshalb möglich, weil er das Wort „Burn Out“ nicht kennen, sondern nur den „Karoshi“, den Tod durch Überarbeitung – eine tradierte gesellschaftliche Verhaltensweise ähnlich der ritualisierten Art des Selbstmords durch Seppuku wie ihn etwa ab Mitte des 12. Jahrhunderts die Samurai pflegten, bis er dann 1868, gegen den erbitterten Widerstand ihrer Arbeitgeber, verboten wurde.

Vordergründig betrachtet gibt es also gute Gründe für das Verdikt eines Mini-Zwangsurlaubs von fünf Arbeitstagen in

111 Arbeitsfreie Feiertage und Überstunden werden natürlich nicht bezahlt.

Japan. Es fragt sich nur, ob diese Gesetzesinitiative wirklich zielführend ist, d. h. tatsächlich stressreduzierend wirkt.

Folgerungen aus der Urlaubs-Studie der DGUV

Zweifel sind angebracht. Eine aktuelle Studie der „Deutschen Gesetzlichen Unfallversicherung (DGUV)" hat das Urlaubsverhalten deutscher Arbeitnehmer untersucht. Bei der Befragung gaben fast Dreiviertel der Berufstätigen an, erst eine Woche nach Urlaubsantritt echte „Urlaubsgefühle" zu bekommen und, noch viel bemerkenswerter, ein Viertel arbeitet freiwillig im Urlaub weiter, verlegt also nur den Ort der Arbeit vom Unternehmenssitz an den Strand oder in die Berge.[112]

Auf den Punkt gebracht zeigen die Zahlen der DGUV doch, dass für 75% der Arbeitnehmer die erste Urlaubswoche glatt verschwendet ist, und zwar wegen des nachwirkenden arbeitsbedingten Stress'. Dieser Gruppe könnte man also den gesetzlichen Mindesturlaubsanspruch von 24 Werktagen um sieben Werktage kürzen, ohne den Erholungseffekt zu beeinträchtigen, da dieser ja verzögert erst ab dem achten Tag einsetzt. Den restlichen 25 % der Selbstausbeuter, die sich ein Leben ohne Kortisol- und Adrenalinschübe nicht vorstellen können, wird, das ist mein Vorschlag, der Urlaubsanspruch ganz gestrichen. Für sie reicht es vollkommen aus, an der Werkbank für eine gewisse Zeit im Jahr Shorts und T-Shirts zu tragen oder sich an ihrem PC mit einem Bildschirmschoner zu vergnügen, der ein Südseeparadies oder Bergpanorama zeigt.

Arbeit macht krank, Urlaub macht krank – also?

Die Umfrage des DGUV hat aber noch eine andere wahrlich revolutionäre Konsequenz: Urlaub verursacht Stress, und zwar in der Variante des Urlaubsstress', entweder als nachwirkender, durch die Arbeit verursachter Stress oder Stress wegen gesetzlich und tarifvertraglicher erzwungener Abwesenheit vom Arbeitsplatz, der durch die Ausschüttung von Hormonen wie Kortisol oder Adrenalin unser Immunsystem schwächt und damit im Ergebnis genauso wirkt wie direkt am Arbeitsplatz ausgelöster Stress.

112 Wenn Sie's nicht glauben, fragen Sie bei der Pressestelle der DGUV nach (Tel. 030/28763768, Email: presse@dguv.de).

Wenn das aber der Befund der DGUV-Studie ist, dann muss man sich doch grundsätzlich die Frage nach der Sinnhaftigkeit des Erholungsurlaubs für Arbeitnehmer an sich stellen. Denn die gesundheitlichen Auswirkungen von Stress sind in beiden Fällen identisch, gleich ob es sich um Stress am Arbeitsplatz handelt oder Stress wegen der Abwesenheit vom Arbeitsplatz. Da kann man doch besser gleich ganz auf eine urlaubsbedingte Auszeit verzichten und ganzjährig schackern gehen, um das Bruttosozialprodukt zu steigern.

„Gerüchte über meinen Tod sind übertrieben"

Politiker handeln längst entsprechend dieser Einsicht. Sie verzichten sogar auf krankheitsbedingt angezeigte Auszeiten, ignorieren Erschöpfungssyndrome, Herzmuskelentzündungen etc., nur um ihren Arbeitsplatz nicht verlassen zu müssen. Denn sie wissen ganz genau, dass selbst ein drastisch verkürztes Sabbatical ihre gesundheitliche Situation nicht verbesserte. Insofern gleichen sie den Selbstausbeutern aus der erwähnten DGUV-Studie, die – dem Sozialisierungsschema von Hai-Populationen folgend – davon ausgehen, dass der, der blutend seinem Arbeitsplatz fernbleibt, von den anderen bei nächstbester Gelegenheit gefressen wird. Ich erinnere hierzu nur an den Alt-Bundeskanzler Helmut Kohl, der, ständig einer Ohnmacht nahe, unter „wahnsinnigen Schmerzen" eine unabweisbar notwendige Prostata-Operation aufschob, nur um seinen Amtsgeschäften auf dem Bremer Parteitag 1989 nachgehen zu können.

Selbst der 96-jährige Alt-Bundeskanzler Helmut Schmidt, der nun leider nicht mehr unter uns weilt, spielte zu Lebzeiten Probleme um seinen Gesundheitszustand immer reflexartig herunter, und der war schon seit über 30 Jahren aus dem Amt. Sein an ein Bonmot von Mark Twain angelehntes Statement, „Die Gerüchte über meinen Tod sind übertrieben", ist legendär und zeigte, dass der Verhaltenskodex einer Selbstausbeutung zu Lasten der eigenen Gesundheit auch für längst pensionierte Ex-Politiker gilt.

Schwarzsehen war gestern

Wer das alles nicht glaubt und mit seinem „katastrophischen Gehirn" in eine belastende, Stress auslösende Stimmung kommt, wenn er das Wort „Arbeit“ auch nur hört, dem sei empfohlen, einmal über die folgende Erkenntnis des griechischen Philosophen Epiktet nachzudenken, der irgendwann im ersten Jahrhundert unserer Zeitrechnung feststellte: „Es sind nicht die Dinge selbst, die uns beunruhigen, sondern die Vorstellungen und Meinungen von den Dingen.“

Ändern Sie also Ihre Einstellung zur Arbeit. Hierbei mag Ihnen die neu gewonnene Erkenntnis, dass auch Urlaubszeiten Stress auslösen, eine kleine Hilfe sein.

Noch ein gut gemeinter Rat zum Schluss: Stress ist eine ansteckend wirkende Krankheit, die schon allein dadurch übertragen werden kann, dass Sie Menschen in Stresssituationen beobachten. Meiden Sie also nach Möglichkeit alle im Team zu erledigenden Arbeiten, jedenfalls dann, wenn Sie den Eindruck gewonnen haben, dass sich die Arbeitskollegen oder Urlaubsbekanntschaften mit ihrem auf Selbstausbeutung fokussierten Wertesystem mal wieder von Adrenalin-Kick zu Kortisol-Kick hangeln. Sie sind eine ganze Entwicklungsstufe weiter, denn Sie streben nicht nach flüchtigen Glücksmomenten, sondern nach einem endorphinbasierten dauerhaften Zustand der Zufriedenheit, der streng von Dopamin getriebenen Rauschperioden[113] zu unterscheiden ist.

Und wenn Sie mal wieder einen Japaner treffen,[114] dann sagen Sie ihm das ruhig. Und richten Sie ihm bitte, nachdem Sie ihn freundlich mit „Ohayou Gozaimasu“[115]. begrüßt haben, schöne Grüße von mir aus.

Holzkohlebasierte Frauendiskriminierung

Kurzfassung für den eiligen Leser

Grillen, das Verbrennen von Fleisch auf einem Grillrost bis zur Unkenntlichkeit des Ausgangsprodukts, stellt eine perfide, nicht hinnehmbare Form von Frauendiskriminierung dar, die (wohl) durch die genetisch bedingte Prädisposition des Mannes bedingt ist. Da eine Veränderung dieser untragbaren

113 Zu Glückshormonen siehe oben Seite 18 ff.

114 Zu international gebräuchlichen Begrüßungsritualen (auch mit Japanern) siehe Greck, Rein rechtlich ist das alles keine Problem, 2015, Seite 136 ff.

115 Japanisch für „Guten Morgen“.

Situation mit den Mitteln des Genderismus oder auf dem Weg der Evolution zu lange dauert, Experten gehen von einer Million Jahre aus, flächendeckende gentechnische Eingriffe in Männergehirne politisch, schon wegen des von Männern dominierten Bundestages, nicht durchsetzbar sind, muss auch in diesem Bereich eine Frauenquote her.

> ***Sie:*** *„Liebling, hör' mal, die Grillen".*
> ***Er:*** *„Ich riech' nichts."*

Diese kurze Unterhaltung beschreibt ziemlich treffend den Prozess, der in einem Männergehirn abläuft, wenn er das Wort „Grillen" hört.

Frauen sollten dann nicht überrascht sein. Grillen, dieser Mythos aus den Anfängen der Menschheitsgeschichte, ist nun einmal eine archaische Beschäftigung, die wie das Feuermachen als „Männersache" tief in den männlichen Genen verankert ist. Naturgeschichtlich über eine Million Jahre geprägte, in der DNA verankerte Rollenbilder lassen sich kulturell halt nur geringfügig verändern, aber nicht vollständig übermalen.

Genetische Spurensuche

Gewiss, in Zeiten des Genderismus hat die Domestizierung des Mannes[116] im Alltag große Fortschritte gemacht. Kommt allerdings Feuer ins Spiel, stürzt sein Gehirn reflexartig in die Mythen der Urzeit der Menschheitsgeschichte zurück. In dieser Situation wird der Mann wieder zum Jäger, der, in seine Höhle zurückgekehrt, den noch bluttriefenden Speer an die Felswand lehnt und, auf einem gemütlichen Felsbrocken sitzend, seiner Familie das eigenhändig erlegte Mammut an der Feuerstelle zubereitet – liebevoll in appetitlichen Häppchen auf Stöckchen gespießt. Er ist ein Held, ein Beherrscher der Savannen, ein König über die Berge und Täler nahe seines Steinzeit-Loft. Das Neandertal ist jederzeit über ein neuronales Wurmloch erreichbar, nur einen kurzen Zeitsprung entfernt, und hat nichts von seiner Faszination verloren. Der Garten wird zum Königreich: Statt mit Thron, Zepter und Reichsapfel hantiert der Mann dort mit Grill, Grillzange und Grill-

116 Zum Sitzpinkeln siehe oben Seite 55 ff.

handschuhen, den neuen Insignien seiner Macht, die er effektvoll für das Publikum gut sichtbar inszeniert, um zu zeigen, wer hier das Sagen hat.

Und seine Frau? Sie kann sich der subtile Erotik ausstrahlenden Grillinszenierung nicht entziehen und mischt im Hintergrund still vergnügt den Kartoffelsalat, während sie ihren „ganzen Kerl“ bewundernd betrachtet. Das ist die Realität. Die Rollenverteilung bei deutschen Grillveranstaltungen sieht nun einmal so aus, dass nur in ca. 7 % der Fälle die Frau am Grill steht.[117] Von Gleichberechtigung keine Spur.

Perfide Frauendiskriminierung

Welch gravierende Auswirkungen die Okkupation des Verbrennens von Fleisch auf einem Grill durch Männer auf die Ausbildung und Verfestigung eines überwunden geglaubten festgefügten Rollenverständnisses hat, ist bisher unbeachtet geblieben. In diesem Lebensbereich gibt es nicht die Spur von Flexibilität, das Rollenverhalten ist fest eingeübt, was dem Weltbild des Genderismus, der die Geschlechterrollen nicht als biologisch, sondern soziologisch bedingt ansieht, einen schweren Schlag versetzt. Erstaunlicherweise ist dieses Problem, das fast die gesamte Gesellschaft betrifft, denn über 90 % der Deutschen grillen, noch nicht von den gewöhnlich mit sehr sensiblen Antennen ausgestatteten Feministinnen registriert worden ist, denen ansonsten kein Anlass zu kleinteilig[118] ist, um ihn als verabscheuungswürdige Facette der Unterdrückung der Frau wegen ihrer biologischen Anlagen zu brandmarken und umgehend drastische Gegenmaßnahmen vom Gesetzgeber zu fordern oder selbst inszenierte Strafaktionen einzuleiten.

Ich denke da nur an den Streit über die Namensgebung für das Fußballstadion in der Verbotenen Stadt[119], der vor noch nicht allzu langer Zeit hohe Wellen schlug. Sie erinnern sich gewiss noch: Auf massiven politischen Druck einflussreicher geheimnisvoll blau-weiß gewandeter Feministinnen wurde das Stadion, eine überdimensionierte Turnhalle mit Schiebedach, in die ungefähr so viele Besucher hineinpassen, wie Fans bei

117 Welt am Sonntag (WamS) vom 2.8.2015, Seite 62.
118 Hier stand ursprünglich „absurd“.
119 Herne-West = GE.

unserem geliebten BVB 09 als „gelbe Wand“ auf der Südtribüne stehen, als erste Arena in Deutschland nach der Frau eines verstorbenen Vereinshelden benannt, und zwar als „Ernst-Kuzorra-Seine-Frau-Stadion“.[120]

Frauenquote am Grillrost

Das im Grillen versteckte Gefahrenpotenzial für eine latente Frauendiskriminierung ist offensichtlich. Ich bezweifle, dass man die männliche Dominanz am Grill mit den Mitteln des Genderismus, also im Wege der analytischen Dekonstruktion des Geschlechts, beseitigen kann – jedenfalls nicht in absehbarer Zeit, denn das Rollenbewusstsein ist, wie gesagt, genetisch vorgegeben, und evolutionäre Veränderungen dauern ihre Zeit. Flächendeckende gentechnische gezielte Eingriffe in das Erbgut des Mannes sind wohl politisch nicht durchsetzbar, wenn ich das 1990 in Kraft getretene deutsche Gentechnikgesetz richtig verstehe.

Wirksam gegensteuern ließe sich allerdings schon kurzfristig mit einem „Gesetz zur Regelung der Frauenquote am Grillrost“. Ansonsten steht nämlich zu befürchten, dass am Ende dieser rückwärtsgewandten Entwicklung der Mann sich in der Tradition des Biedermeier mit Hilfe des von ihm eigenhändig betreuten Sonntagsbratens auch noch Schritt für Schritt die häusliche Küche zurückerobert. Denn wie sagte schon Simone de Beauvoir in ihrem Buch „Das andere Geschlecht“ sinngemäß so treffend: Der Mann wird nicht als Mann geboren, sondern zum Mann gemacht.

Das Faszinosum des Bösen

Kurzfassung für den eiligen Leser

James Bond-Filme sollten Sie meiden, ansonsten besteht die latente Gefahr, dass Sie sich von dieser tief abgründigen Person in den Bann des Bösen ziehen lassen. Charakterlich „offene“, will sagen: nicht gefestigte Personen erliegen nur allzu leicht dem Faszinosum dieses weltweit bekannten Ver-

120 Heute trägt der Veranstaltungsort übrigens den Namen eines sauerländischen Bierbrauers, weshalb manche schlecht redigierten Reiseführer die Arena irrtümlich unter „Sehenswürdigkeiten“ als „größte Trinkhalle des Ruhrgebiets“ ausweisen.

treters der „Dunklen Triade“, dessen Narzissmus, Machiavellismus und Psychopathie, die, so will es scheinen, Vorbildfunktion für so manche Führungskraft in deutschen Wirtschaftsunternehmen hat. Sehen Sie sich stattdessen lieber eine Komödie[121] oder einen US-amerikanischen Familienfilm an – am besten einen von Walt Disney, da gewinnen am Schluss immer die Guten, was Ihnen helfen wird, die berufliche Durststrecke mit Ihrem charakterlich verbogenen Chef zu überstehen.

Haben Sie schon den letzten James Bond-Film „Spectre“ gesehen? Und? Faszinierend, oder? Dieser Bond ist schon ein echter Macher: Stark ausgeprägtes Selbstwertgefühl, bewundernswerte Durchsetzungsstärke und scheinbar unbegrenzte Risikobereitschaft.

Faszinierend, aber asozial

Irgendwie schon bemerkenswert, wie uns dieser narzisstische und psychopathisch veranlagte Machiavellist immer wieder in seinen Bann zieht. Gut, er ist selbstverliebt, giert nach Bewunderung und ignoriert permanent alle moralischen oder gesetzlichen Schranken, um sein Ziel kaltherzig und rücksichtslos auf möglichst direktem Weg zu erreichen – und wenn es noch so viele Menschenleben kosten mag, deren Verlust er gern augenzwinkernd mit zynischen Bemerkungen kommentiert.

Und doch, irgendwie strahlt dieser skrupellose Mann, dieser Gegenentwurf eines Menschen mit Anstand, mit einer Persönlichkeitsstruktur aus den gesellschaftlich unerwünschten Verhaltensweisen Narzissmus, Machiavellismus und Psychopathie, die in der Psychologie als „Dunkle Triade“ bezeichnet wird, einen morbiden Reiz aus, dessen hypnotischer Anziehungskraft wir uns nur schwer entziehen können.

Beeindruckende Überlebensstrategie

Neuere Untersuchungen[122] bestätigen den Zusammenhang

121 Es muss ja kein Film von Til Schweiger sein.

122 Jauk/Neubauer/Mairunteregger/Pemp/Sieber/Rauthmann, How alluring are dark personalities? The Dark Triad and attractivness in speed dating (in Vorbereitung zur Veröffentlichung in: European Journal of Personality)

zwischen Narzissmus bzw. Psychopathie[123] und der von Dritten jedenfalls als erster Eindruck wahrgenommener Attraktivität einer Person, die paradoxerweise umso stärker wirkt, je entschiedener die genannten Persönlichkeitsstörungen ausgelebt werden. Der Grund für die im Ergebnis positive Wahrnehmung liegt nach Ansicht von Psychologen in der potenzielle Partner und auch Arbeitskollegen beeindruckenden Überlebensstrategie dieses Persönlichkeitstyps, die durch Mut, Unabhängigkeit und ein angstfreies „Leben auf der Überholspur" gekennzeichnet ist.

Konservative Schätzungen besagen, dass ca. 6 % der Deutschen extreme narzisstische und 1 % psychopathische Auffälligkeiten zeigen, in manchen Lebensbereichen, wo es um Macht, Status und Geld geht, soll ihr Anteil vier-, manche Wissenschaftler sagen: zehnmal so hoch sein wie im Durchschnitt.

Beruflicher Erfolg um jeden Preis

Menschen mit Charaktereigenschaften der „Dunklen Triade" sind wegen ihrer „besonderen" Persönlichkeitsstruktur für den Aufstieg in Führungspositionen prädestiniert und aufgrund ihrer Motivation auf dieser Position auch auf beruflichen Erfolg, vor allem ihren weiteren Aufstieg in der Unternehmenshierarchie, programmiert, wie u. a. eine Studie der Universität Bern mit jungen Führungskräften in deutschen Wirtschaftsunternehmen zeigt.[124]

Dass sich vor allem Vertreter der „Dunklen Triade" in Führungspositionen der Unternehmen tummeln, ist auch darauf zurückzuführen, dass das ihnen angeborene oder von ihnen adaptierte, letzteres behaupten die Evolutionspsychologen, durch Selbstbewusstsein und Dominanzstreben bedingte rücksichtslose Verhalten schlicht und einfach zum Anforderungsprofil von Spitzenjobs zu gehören scheint, das

123 Vall/Gutiérrez/Perl/Gárriz/Baillés/Garrido/Obiols, Seven dimensions of personality pathology are under sexual selection in modern Spain (in Vorbereitung zur Veröffentlichung in: Evolution & Human Behavior).

124 Spurk/Keller/Hirschi, Do bad guys get ahead or fall behind? Relationships of the dark triad of personality with objective and subjective career success (in Vorbereitung zur Veröffentlichung in: Social Psychological and Personality Science).

nach dem Ähnlichkeitsprinzip von den charakterlich identisch gepolten Führungskräften definiert wird – wohlklingend abweichend formulierte Unternehmenskultur hin oder her.

Sitzt der kleine James-Bond-Verschnitt erst einmal auf einem Spitzenjob, lebt es sich bequem mit einem unendlich ins Positive verzerrten Selbstbild[125], unternehmensintern nicht länger hinterfragter Eignung für die bekleidete Position und Mitarbeitern, die aus Angst vor beruflichen Sanktionen keine kritischen Rückmeldungen geben, auch wenn ihre anfängliche Bewunderung für den Chef längst ins Gegenteil umgeschlagen ist, weil er als Narziss, Machiavellist und Psychopath durchschaut worden ist.

Schwer zu stoppen

Und sind diese Akteure erst einmal für eine Führungsrolle von der Unternehmensleitung besetzt worden, sind sie nur noch schwer zu stoppen, denn die Tendenz des Menschen, auf die Redlichkeit von Personen und ihrer Handlungen zu vertrauen, die Unterdrückung des Impulses zum Widerstand durch eine einschüchternde Autorität und der Bystander-Effekt, der einzelne aus einer Gruppe von Zuschauer dazu bringt, nichts zu tun, weil ja die anderen eingreifen könnten, spielen diesen persönlichkeitsgestörten Trittbrettfahrern, die sich auf Kosten ihrer Mitarbeiter profilieren, in die Karten.

Prävention durch Früherkennung

Für Unternehmen wäre es wichtig, diese asozial agierenden Führungskräfte möglichst schon im Personalauswahlverfahren zu erkennen und gleich dort auszusortieren, weil sie, auch das ist wissenschaftlich nachgewiesen, sowohl als Individuum als auch die von ihnen geführten Mitarbeiter, langfristig messbar geringere Leistungen erbringen, mit ihnen also perspektivisch keine nachhaltig wirtschaftlich positive Unternehmensstrategie zu gestalten ist. Doch das geschieht aus dem oben genannten Grund des Ähnlichkeitsprinzips viel zu selten.

---

125 Hossiep/Ringelband, Psychopathische Persönlichkeitsfacetten im Top-Management: Persönlichkeitseigenschaften und Derailment-Risiken von Top-Managern, Wirtschaftspsychologie, Heft 3-2014 Seite 21 ff.

Und wie verhält sich der Mitarbeiter, der in den Sog einer nachweislich[126] durch die „Dunkle Triade“ geprägten Führungsperson kommt? Sich von ihm fernzuhalten, ist im Berufsalltag keine praktikable Strategie, solange die Zusammenarbeit andauert – kritische Distanz hingegen schon. Im Grunde kann der Leidgeprüfte nur darauf hoffen, dass sich der für ihn im Beruf verantwortliche rücksichtslose Egomane selbst demaskiert, was dauern kann, denn seine manipulative Begabung lässt ihn regelmäßig erst an gravierenden Fehlleistungen wie dubiosen Geschäften, Betrügereien, Diebstählen oder etwa überteuerten Geschäftsreisen scheitern.

Bitte denken Sie an diese Zusammenhänge, wenn Sie sich das nächste Mal im Kino bei einem James-Bond-Film in den Bann des Bösen ziehen lassen.

Esoterische Keksperten

Kurzfassung für den eiligen Leser

Unsere Welt ist eine Experten-Welt. Das gilt für alle gesellschaftlich bedeutsamen Bereiche, z. B. die Politik, den Bankensektor oder das Gesundheitswesen. Im Bereich der Esoterik muss man allerdings schon etwas genauer hinsehen, um die Spreu vom Weizen zu trennen. Ich selbst habe mich auf das Verfassen von Heil- und Schutztexten zu Dumpingpreisen spezialisiert. Spontanheilungen während des Lesens dieses Kapitels sind also durchaus möglich.

Gern verlässt man sich auf den Rat von Experten, wenn die Probleme zu komplex werden und man sie mit eigener Erfahrung und eigenem Wissen nicht mehr lösen kann. Das ist z. B. in der Politik so, bei Geldanlagen oder in medizinischen Fachfragen.

Echte Experten

Fragen Sie sich einmal selbst, wo wir heute stünden, ohne den Sachverstand unserer Bundestagsabgeordneten bei der Ein-

126 Zu Testfragen zur Identifikation eines Vertreters der „Dunklen Triade“ siehe Küfner/Dufner/Back, Das Dreckige Dutzend und die Niederträchtigen Neun – Kurzskalen zur Erfassung von Narzissmus, Machiavellismus und Psychopathie, Diagnostica 61 (2) Seite 76 ff.

schätzung der sozialen, gesundheitlichen und wirtschaftlichen Fragen, die mit dem Monster-Freihandelsabkommen TTIP[127] verbunden sind? Wie wäre die Finanzwelt wohl beschaffen, wenn es nicht Rating-Agenturen und Banker gäbe, die sich im sachverständigen Miteinander die tollkühnsten Kapitalanlageprodukte zur Vermehrung unseres Geldvermögens ausdächten?

Dass solche intellektuellen Höchstleistungen im Dienste Dritter nicht ohne höhere Schulbildung, Hochschulstudium, einen reichhaltigen beruflichen Erfahrungsschatz und die Bereitschaft, sein Wissen ständig zu aktualisieren, möglich sind, leuchtet unmittelbar ein.

Keksperten

Von diesen realen, auf solider wissenschaftlicher Grundlage arbeitenden echten Experten unterscheiden sich die Keksperten dadurch, das es sich bei ihnen um fiktive Werbefiguren handelt, Schöpfungen, erdacht für eine witzige, inzwischen allerdings etwas in die Jahre gekommene Werbung des Keksherstellers Bahlsen nämlich, die ihr wissenschaftliches Renommee nicht wie die echten Experten aus erworbenem Wissen, sondern einer Verballhornung des Begriffs „Experte“ ableiten.

Esoterik-Experten

Der harte Kern der Gruppe der Esoterik-Experten, der Menschen, die etwa als Geistheiler,[128] Handaufleger oder singende Schamanen Dienstleistungen wie Jenseitsgespräche, Aura-Chakren-Readings, Lichtwesenessenzen oder Runenorakel anbieten, handelt, was den wissenschaftlich geformten Hintergrund ihrer Berufsausbildung betrifft, auf dem Wissensniveau eines Keksperten.

Vollkommen anders ist das bei den ca. 45.000 deutschen Heilpraktikern, die, wenn sie denn als solche berufs- oder gewerbsmäßig arbeiten wollen und kein Arzt sind, sich, schulisch vorgebildet durch mindestens einen Hauptschulabschluss,

---

127 Zu diesem Instrument der Globalisierung siehe unten Seite 138 ff.

128 Nach Schätzungen von Harald Wiesendanger, dem Leiter der renommierten „Internationalen Vermittlungsstelle für herausragende Heiler“, gibt es deutschlandweit ca. 15.000 Geistheiler, von denen er immerhin 5 % als seriös einstuft.

einer knallharten Prüfung beim Gesundheitsamt unterwerfen müssen: 60 Multiple-Choice-Fragen, von denen drei Viertel richtig zu beantworten sind, und einer mündlichen Prüfung, die allerdings wegen des doch extremen Schwierigkeitsgrads des schriftlichen Teils kurz gehalten wird. Als wenn das nicht schon genug wäre, darüber hinaus sind ein ärztliches Attest über die gesundheitliche Eignung und ein polizeiliches Führungszeugnis zur, hört, hört, „sittlichen Zuverlässigkeit" vorzulegen. Sind sie dann behördlich zugelassene Heilpraktiker, können sie bei der zuständigen Behörde auch eine Therapieerlaubnis für homöopathische Behandlungsmethoden beantragen und auf ihrem Praxisschild als „Heilpraktiker Homöopathie" firmieren, um ihren ahnungslosen Opfern, nach Möglichkeit sachverständig beraten durch einen singenden Schamanen, homöopathische Lutschtabletten gegen virale Halsentzündungen zu verpassen[129], um die Wendung „zu verordnen" in diesem Zusammenhang nicht zu gebrauchen.

Esoterikmesse

Eine Esoterikmesse wie die „Spiritualität und Heilen 2016" in der Stadthalle Köln-Mülheim unterscheidet sich übrigens fundamental von einer Erotikmesse, auch wenn Angebote wie „Energieamulette" noch mehr Vitalität in bestimmten Lebenslagen zu versprechen scheinen als gewöhnliches Viagra, „Ohrkerzen" bei mir Vibrationen in der Lendengegend auslösen, deren Assoziation ich hier nicht näher beschreiben will und die Gleitfähigkeit unterstützende „Aromaöle" der Kundschaft doch wohl in beiden Geschäftsbereichen angeboten werden.

Die weit überwiegende Anzahl der von den dort ausstellenden Experten für die von der Schulmedizin enttäuschten Besucher der Messe offerierten Dienstleistungen und Produkte ist jedoch streng esoterisch. Jedenfalls hat mir mein Internist noch nie einen von ihm persönlich verfassten mit positiver Energie geladenen Heil- und Schutztext als IGeL-Leistung[130] gegen meine Rückenschmerzen angedient, ver-

129 Inzwischen gibt es auch ein Schwarzbuch über die Branche von Anousch Müller mit dem aussagestarken Titel „Unheilpraktiker – Wie Heilpraktiker mit unserer Gesundheit spielen".

130 IGeL: Die Kosten für „individuelle Gesundheitsleistungen" werden von den gesetzlichen Krankenkassen nicht übernommen.

sucht, mit der Klopftechnik meine emotionalen Blockaden zu lösen, oder mir zur Gesundheitsprophylaxe die Verwendung eines Kristalls für die Ausschwemmung energetischen Mülls empfohlen.

Ich glaube auch nicht an einen solchen Humbug. Entschieden habe ich mich deshalb für den auf streng wissenschaftlicher Grundlage, der Quantenphysik nämlich, entwickelten „Aura-Balance-Akku“, eine mit silbergrauem Plastik überzogene Pappe im DIN A4-Format. Auf diese Pappe wurden nach Angaben des Herstellers unsichtbare subatomare Informationen aufgespielt, die, legt man sie, die Mappe, unter die Matratze, eine Heilung im Schlaf bewirken. Ich denke, die 225 € sind gut investiert. Wie beruhigend, es gibt also doch echte Experten im Esoterik-Marktsegment, man muss sie nur zu finden wissen.

MEDIENNUTZUNG

Regionale Tageszeitung – das ideale Depressivum

Kurzfassung für den eiligen Leser

Die Lektüre regionaler Tageszeitungen kann schon bei Lesern mit einem mittelprächtigen Intelligenzquotienten wie bei mir schwerste Depressionen auslösen, die den Besuch bei einem auf derartige Fälle spezialisierten Neurologen nahelegen. Der Hauptteil der Zeitung, auch Mantel genannt, ist schon schlimm, aber Lokalteile und vor allem „Stadtteilnachrichten" sind echte Depressionsverstärker und sollten von Ihnen nie (!) gelesen, sondern gleich nach der Zustellung zum Altpapier gegeben werden. Als Antidepressivum empfiehlt sich bei akuten und chronischen, durch regionale Tageszeitungen hervorgerufenen Reizzuständen auch das Abonnement einer überregionalen Sonntagszeitung, die Sie, über die Woche verteilt, am besten jeden Morgen gleich im Anschluss an Ihre um die genannten Teile ausgedünnte regionale Tageszeitung häppchenweise konsumieren.

Meine gedruckte Tageszeitung[131], wegen unseres geliebten BVB 09 mit dem Dortmunder Lokalteil bestückt, liegt jeden Morgen gegen 5.15 Uhr in unserem Briefkasten – eine Meisterleistung des Zustellers, der so zuverlässig tickt wie ein Schweizer Präzisionsuhrwerk. Da mag erstickende Schwüle zu früher Stunde aufs Gemüt drücken, es in Strömen regnen, knietief Schnee gefallen sein oder ein Orkan durch die Straßen fegen, die Tageszeitung ist da, montags bis samstags pünktlich zum Frühstück. Das ist für mich immer einer der schönsten Augenblicke des Tages, wenn ich die Haustür öffne und um den Briefkasten herum in das spezielle Zeitungsfach greife. Ob er es auch heute wieder geschafft hat? Er hat!

131 Wir beziehen auch noch zwei elektronische Ausgaben anderer Regionalblätter, eines aus dem Münsterland, weil meine Frau, dort in dörflicher Idylle geboren, auf Informationen aus ihrer Heimat nicht verzichten kann.

„Pünktlichkeit geht über alles“

Nun könnte man die Meinung vertreten, die zuverlässig pünktliche Zustellung einer Tageszeitung sei der entscheidende Qualitätsfaktor für ein auf Papier gedrucktes tägliches Informationsangebot zur Schnellorientierung über das, was in der der kleinen und großen Welt am vorangegangenen Tag so alles Wichtiges passiert ist. Wenn Sie das so sehen, sind Sie bei meiner Tageszeitung bestens aufgehoben.[132]

Wenn Sie allerdings zu dem Teil der Menschheit gehören, die den Akzent auf Inhalte legen, die Auswahl und Aufbereitung der Themen zur Messlatte für ein Qualitätsurteil und damit für eine Kaufentscheidung machen, dann kann muss ich Ihnen empfehlen, sich vor der Lektüre ein paar Stimmungsaufheller einzuwerfen, um Depressionen vorzubeugen, die durch eine offensichtlich verunglückte Berichterstattung ausgelöst werden.

Was Gescheites lesen

Das Desaster beginnt bei regionalen Tageszeitungen, meine steht da nur als ein Teil für die gesamte Branche, meist schon auf der Titelseite.

Regional schlägt überregional

Natürlich ist es nicht einfach, aus der Masse der von den Presseagenturen angebotenen Themen das „Thema des Tages“ auszuwählen und zu einer zugkräftigen Schlagzeile für die Seite 1 zu verdichten, es in den Kommentaren kritisch zu betrachten und eventuell durch eine besonders wichtige Aspekte betrachtende Berichterstattung im Innenteil zu verdichten. Allerdings, der zu beobachtende Trend, schon auf der Titelseite des Zeitungsmantels regionalen Themen den Vorzug vor überregionalen zu geben, ist unsäglich und versetzt mich in eine depressive Stimmung. Dies mag ja den Redaktionsmaximen des Verlegers entsprechen, deckt sich aber nicht mit dem Informationsbedürfnis des Lesers, dem man wohl nicht zutraut, einen Zugang zu komplexen, bundesweit wichtigen oder gar global bedeutsamen Themen zu finden.

132 Den Namen der Tageszeitung nenne ich Ihnen gern auf Nachfrage.

Eine Wirtschaftsseite haben wir auch

Die in Verlegerkreisen verbreiteten Annahme, der Durchschnittsleser sei tendenziell ein wenig bis schwer unterbelichtet, man dürfe ihn nicht überfordern, zieht sich wie ein roter Faden durch die Berichterstattung im Innenteil der Zeitung.

Ein Musterbeispiel ist regelmäßig der Wirtschaftsteil, so heißt diese meist auf eine einzige Druckseite angelegte Informationsbrache jedenfalls, die zur Hälfte mit Daten vom deutschen Aktienmarkt gefüllt wird. Auf der dann verbleibenden halben Seite werden umfassend alle aktuell bedeutsamen Themen zur deutschen Wirtschaft und Weltwirtschaft dargestellt. In manchen regionalen Tageszeitungen wird die Seite „Wirtschaft" noch durch eine Verbraucherseite ergänzt, die fünfzeilige Agenturmitteilungen zu Themen enthält wie „Benzin billiger, Diesel teurer", ein Tipp, den alle Dieselfahrer zu schätzen wissen, die heute noch an keiner Tankstelle vorbeigefahren sind.

Die Katastrophen-Seite

In die Rubrik „Aus aller Welt", so etwas hat jede regionale Tageszeitung, die etwas auf sich hält, stellt man, möglichst mit Foto, am liebsten Naturkatastrophen, Massaker, von Menschenhand gelegte Brände, kurz: Abscheulichkeiten jedweder Art mit möglichst vielen Todesopfern ein – ein bißchen BILD-Zeitung darf's schon sein. So wird dann dem Bericht einer Presseagentur über die Brandstiftung an einem Pariser Wohnhauses durch einen „36-jährigen Verdächtigen" so viel Platz eingeräumt wie der gesamten Berichterstattung im sogenannten Wirtschaftsteil. „Eigentlich", so denke ich manchmal bei derartigen Meldungen, „wäre es nicht schlimm, darüber nicht informiert zu werden." Das trifft auch auf die Splittermeldungen zu, die, in meiner Tageszeitung unter „Leute", verbreitet werden und über das Neueste aus dem Leben von (Möchtegern-)Promis berichten. Heute: Peer Kusmagk (40), EX-RTL-Dschungelkönig, möchte eine Familie gründen und Sylvie Meis (37), die als „Moderatorin" vorgestellt wird, übt das Schlittschuhlaufen für einen Auftritt bei "Holiday on Ice". „Ach was?" würde Loriot wohl sagen.

Splitter-Kritik
Ich merke gerade, dass sich meine depressive Stimmung bei der Lektüre der auch heute pünktlich wie immer bei mir abgelieferten Tageszeitung verstärkt, weshalb ich den Rest meiner Nörgeleien im Schnelldurchgang erledige, um nicht auch heute wieder psychiatrischen Rat in Anspruch nehmen zu müssen:

Kommentare: Das Bemühen um Substanz ist spürbar.
Kulturteil: Von Ausnahmen abgesehen: regionale Veranstaltungen zur allgemeinen Volksbelustigung.
Forschung/Wissenschaft: lachhaft bzw. auch nicht.
Layout: Angestaubt. „Sonderbeilagen", die auf dem Niveau verkappter Anzeigenblätter eingedampfte Wikipedia- Beiträge zum Besten geben; da ist jede Apotheken-Umschau, jede Bäckerblume informativer.

Exkurs: Regionales
Regionales dafür in aller Ausführlichkeit – bis zum Synapsen-Kollaps. Da gibt es den regionalen Hauptteil über Themen, die in der nächstgelegenen Metropole angesagt sind. Heute bei mir: „20.000 Euro im Supermarkt verloren", „Chancen auf den WM-Titel", es geht um Tischfußballer. Und dann sind da noch die umfänglichen, jetzt festhalten, „Stadtteilnachrichten" aus allen Vororten der Metropole, die nichts, aber auch nichts auslassen, was für den ortsansässigen Abonnenten „interessant" sein könnte: „Bunter Nachmittag der Frauen" in Dortmund-Höchsten, „Erste[133] Platz für Dr. Klaus Gisbert – 3. Preisflug für Jungtauben" in Dortmund-Aplerbeck. Noch einmal der Rat: Wer sich nicht von den hier angebotenen Schmalspur-Nachrichten runterziehen lassen will, sortiert als Abonnent zumindest diesen Teil der Zeitung aus, und zwar gleich nachdem er sie ins Haus geschafft hat.

Ehrenrettung
Gäbe es keine überregionalen Tages- und Sonntagszeitungen könnte man an der den Alltagswahnsinn abbildenden Zeitungslandschaft in Deutschland verzweifeln und dauer-depressiv werden. Sie haben für mich die Funktion eines Pflasters,

133 Ja, so lautet die Überschrift.

das ich mir auf die unter der Woche durch die regionalen Tageszeitungen gerissenen Wunden klebe, sie geben mir den Glauben an den Sachverstand der Verleger und das Leistungsvermögen der Redakteure zurück und beweisen, dass es auch in Zeiten der elektronischen Medien auf Zeitungspapier gedruckte, die wesentlich Fragen der Zeit erhellend vermittelnde Informationsschriften im Zeitungsformat gibt.[134]

Konzentrationsverlust durch Dummphones

Kurzfassung für den eiligen Leser: Smartphones sind extrem gefährliche Dinger, das wusste schon J. R. R Tolkien, der bereits in den frühen 1920er und 1930er Jahren die Marketing-Strategie von Apple und der anderen Giganten am digitalen Markt vorausdachte. Sie spionieren ihren Nutzer aus mit dem Ziel, ihn abhängig zu machen, indem sie ihn auf das nächste „Ping!“ fokussieren. Das bleibt nicht ohne Folgen für die Nutzer, die im Ergebnis unter den Auswirkungen „digitaler Demenz“ zu leiden haben, welche sich im Verlust kognitiver Fähigkeiten zeigt, vor allem einer – so muss man wohl orakeln – unheilbaren Konzentrationsschwäche, die jede digitale Ablenkung – schon aus hormonellen Gründen – dankbar annimmt, getreu dem Motto „Smartphones gegenüber bin ich willenlos, völlig willenlos“.

Nun, so weit würde ich nicht gehen, einen extensiv das eigene Smartphone nutzenden Menschen als Smartphone-Zombie, abgekürzt „Smombie“, zu bezeichnen, wie es jetzt die im Auftrag des Langenscheidt-Verlages tätige Jury getan hat, als sie das „Jugendwort des Jahres 2015“ suchte und in dem genannten Begriff fand, ohne, wie es scheint, auch nur einen Angehörigen der Zielgruppe befragt zu haben, die bei der Nennung des – in welchem akademischen Elfenbeinturm auch immer kreierten Wortgebildes – nur müde abwinken.

„Gestatten, Tolkien, Apple-Marketing“

„Smork“, also Smartphone-Ork, wäre phonetisch unfallfrei zu benutzen und außerdem sachlich zutreffender, denn erste,

134 Danke, liebe WamS-Redaktion!

zugegeben, noch ein wenig nebulöse Andeutungen auf das, was Smartphones mit einem Menschen anrichten können, finden wir in dem vom Meister des Fantasy-Romans J. R. R. Tolkien im „Herrn der Ringe“ erdachten Spruch auf dem von Sauron, dem Fürsten der Finsternis, in den Feuern des Schicksalsberges geschmiedeten Meister-Smartphon: „Ein Ding, sie zu knechten, sie alle zu finden, ins Dunkel zu treiben und ewig zu binden.“

Dieser Sinnspruch erinnert doch stark an die Marketing-Strategie der Smartphone-Giganten Apple, Google und Microsoft, die in der aktuellen Version ihrer Betriebssoftware mit Assistenzsystemen nach dem Muster künstlicher Intelligenz wie Siri, Now on Tap und Cortana den Nutzer nach allen Regeln der Big-Data-Software sezieren, um ihre riesigen Datenbanken und Rechensysteme, die wie ein menschliches Gehirn strukturiert sind, mit seinen Gewohnheiten und Vorlieben zu füttern, um sich dann mit Empfehlungen für ihn zu einem scheinbar unverzichtbaren Wegbegleiter durch die Irrungen und Wirrungen des Alltags zu machen.

Mind-Wandering als Lebensstil

Abhängigkeiten mit Suchtcharakter, gesundheitliche Schädigungen, vor allem aber Beeinträchtigungen der kognitiven Intelligenz sind die Folgen eines extensiven Gebrauchs dieser Dinger, die über Facebook & Co. einen permanenten Kommunikationsdruck für den einer Community angehörenden Nutzer erzeugen, der ihn dazu treibt, den aktuellsten nach Aufmerksamkeit kreischenden Kommentar aus den sozialen Netzwerken zu beachten und zu kommentieren und sich dadurch von dem, was er gerade tut, ablenken, in seiner Konzentration stören zu lassen. Dieses „Mind Wandering“ hat inzwischen eine solche Intensität erreicht, dass nach Expertenmeinung die Nachteile einer elektronischen Kommunikation die Vorteile überwiegen.[135]

Smartphone-Junkies

Hierzu zeigt eine Studie der Universität Mannheim mit dem Titel „Mediatisierung mobil. Handy- und mobile Internetnutzung von Kindern und Jugendlichen“, kurz: Smartphone-

135 So Harald A. Summa, Geschäftsführer des Verbandes der deutschen Internetwirtschaft (eco), insurance 2016 Seite 39.

Studie, die am 1. 10. 2015 der Öffentlichkeit vorgestellt wurde, dass von den befragten 500 Kindern und Jugendlichen im Alter von 8 bis 14 Jahren 20 % der „digitalen Versuchung in der Hosentasche“ bereits so weit erlegen sind, dass sie als „stark involviert“ gelten, d. h., dass sie „ständig an das Mobiltelefon denken, es auf neue Nachrichten überprüfen oder zum unspezifischen Zeitvertreib nutzen“; 8 % der Befragten gelten gar als suchtgefährdet; ihnen empfehlen die Forscher übrigens „gezieltes Handyfasten“, ein Rat, den betroffene Eltern sicherlich gern mit ihren Sprösslingen intensiv diskutieren möchten. Andere Zahlen aus der Studie sind nicht weniger erschreckend: Nahezu 50 % der Nutzer gaben zu, durch das Handy ständig abgelenkt zu werden, 20 % räumten schulische Probleme wegen der Smartphone-Nutzung ein.

Multitasking kann niemand

Das wundert nicht wirklich, denn neurologisch ist nachgewiesen, dass unser Gehirn das Hin- und Herswitchen zwischen verschiedenen aufmerksamkeitsintensiven Tätigkeiten, z. B. Hausaufgaben erledigen und den Posteingang des Smartphones überwachen, nicht leisten kann, weil es nicht multitaskingfähig ist, vielmehr nur dazu in der Lage ist, eine Aufgabe nach der anderen abzuarbeiten, wenn der Job denn erfolgreich erledigt werden soll. Der Stressreport der Bundesanstalt für Arbeitsschutz 2015 lässt keinen Zweifel: Multitasker, Menschen, die sehr oft verschiedene Medien gleichzeitig nutzen, haben große Schwierigkeiten, irrelevante Informationen auszublenden und kognitive Aufgaben auf dem hohen Qualitätsniveau zu erledigen wie dies Menschen vermögen, die das Smartphone zurückhaltend als ein die anderen Informationswege ergänzendes Medium bewusst nutzen. Der Ulmer Hirnforscher und Psychiatrieprofessor Dr. Manfred Spitzer hat diesen Tatbestand einer überdosierten digitalen Kommunikation in seinem bereits im Jahr 2012 erschienenen Buch zugespitzt, wie das so seine Art ist, schlagwortartig auf den Punkt gebracht: „digitale Demenz.“

„Digitale Demenz“

Nun mag man Spitzers Argumentation nicht bedingungslos folgen, fest steht allerdings, dass sein alarmierender Küchenzuruf „digitale Demenz“ durchaus zur Beschreibung einer Situation taugt, in der eine übermäßige Nutzung digitaler Medien wie Smartphones Defizite an kognitiven, emotionalen und sozialen Fähigkeiten bewirkt, im Ergebnis ganz ähnlich der in Fachkreisen gebräuchlichen Definition des psychiatrischen Syndroms der Demenz bei einer Gehirnerkrankung.

Die Kognitionswissenschaften, die sich aus psychologischer, neurowissenschaftlicher, psychiatrischer usw. Sicht mit der Informationsverarbeitung von Menschen befassen, zählen zu den kognitiven Fähigkeiten neben den Emotionen u. a. das Aufmerksamkeitsverhalten, die Lernfähigkeit, das Problemlösungsverhalten, die Wahrnehmung, die Kreativität, die Argumentationsfähigkeit, und das planerische Vermögen. Ist die Informationsverarbeitung aber durch dauernde Ablenkung gestört, leiden die kognitiven Fähigkeiten, was die Smartphone-Studie und der aktuelle Stressreport belegen. Konzentrierte Reflektion, damit aus dem Erlebten Erfahrungen werden können, findet nicht statt, denn schon fordert das nächste “Ping!“ von WhatsApp die volle Aufmerksamkeit des langsam, aber stetig in den Zustand der digitalen Demenz hinübergleitenden ahnungslosen voll in die Eventgesellschaft[136] integrierten Nutzers.

Dopamin – Widerstand zwecklos

Diese kognitiven, in den Studien beschriebenen Defizite werden zudem noch verstärkt durch einen hormonellen Effekt der Smartphone-Nutzung, der in seiner Wirkung auf unser Verhalten nicht zu unterschätzen ist. Signalisiert ein blinkendes, schnurrendes oder vibrierendes Smartphone, dass eine Nachricht eingegangen ist, setzt der Körper in Erwartung einer (für unser Fortkommen) überragend wichtigen Information, zumindest aber eines amüsanten Stimulus das uns bereits bekannte Glückshormon Dopamin frei.[137] Mit anderen Worten, mit dem Dopamin-Ausstoß belohnen wir uns dafür, dass wir uns nicht mehr auf das konzentrieren, was wir vor dem Eintreffen der Nachricht getan haben. Diese Versuchung führt uns in eine Endlos-Schleife, in der die Ablenkung zur glücksverheißenden Methode wird.

---

136 Siehe hierzu oben Seite 152.

137 Siehe hierzu bereits oben Seite 18 ff.

Südkorea, das Land der Kurzsichtigen
Daneben nehmen sich die durch einen Smartphone-Abusus ausgelösten gesundheitlichen Beeinträchtigungen wie Kurzsichtigkeit fast wie eine Petitesse aus, wenn man nicht gerade Südkorea in den Blick nimmt, wo fast 97 % der 19-Jährigen durch umfangreiche Arbeiten im Nahbereich des Auges myop sind, also ein eingeschränktes Sehvermögen im Fernbereich des Auges haben. Dreimal dürfen Sie raten, welche Ursache dafür verantwortlich ist.

Würde Müller-Westernhagen seinen Song „Willenlos“ heute noch einmal schreiben, dann lautete der Refrain jetzt aller Wahrscheinlichkeit nach „... Smartphones gegenüber bin ich willenlos, völlig willenlos ...“ Wie sich die Zeiten doch ändern, lieber Marius.

Vorsorgevollmacht für den Assistenten

Kurzfassung für den eiligen Leser

Technische Novitäten können durchaus eine segensreiche Wirkung auf das Leben des Menschen haben, wie etwa die Erfindung des Faustkeils, des Rades oder des konisch geformten Pfeifenreinigers von KadaRone, um nur einige herausragende Beispiele zu nennen. Vom Segen zum Fluch mutieren Gebrauchsgegenstände allerdings dann, wenn sie von größenwahnsinnigen Ingenieuren mit trendigen neuen technischen Gimmicks so weit aufgemotzt werden, dass sie das in Artikel 2 des Grundgesetzes garantierte Recht auf freie Entfaltung der Persönlichkeit aushebeln.

Hat Ihr Kühlschrank heute schon mit Ihnen gesprochen, vielleicht die Waschmaschine, der Küchenherd oder das Auto auf dem Heimweg von der Arbeit? Keine Angst, das ist keine Fangfrage, mit der ich Ihre Einweisung in eine psychiatrische Anstalt vorbereiten will. Fakt ist nämlich, dass sich die von innovationsgetriebenen Ingenieuren mit Assistenzsystemen ausgestatteten Gebrauchsgegenstände zunehmend mit Verhaltenstipps in das Leben von Konsumenten einmischen, ihnen mit akustischen und optischen Signalen oder sonst wie[138] vorschreiben, wie sie sich verhalten sollen.

Anders ist das bei Esszimmerstühlen, sie schreiben uns, worauf ich an anderer Stelle bereits hingewiesen habe[139], noch nicht vor, wo es langgeht. Sollte Ihnen also Ihre Sitzmöbel schon einmal Ratschläge für die richtige Körperhaltung bei Tisch, die Essgeschwindigkeit[140] bei der Nahrungsaufnahme gegeben oder vielleicht sogar versucht haben, Sie in eine Diskussion über die Folgen von Angela Merkels „Wir-schaffen-das-Philosophie" zur deutschen Flüchtlingspolitik zu verstricken, so behalten Sie diese Information besser für sich und posten sie nicht ungefragt im Freundeskreis herum! Das könnte sonst unerwünschte Auswirkungen auf das soziale Beziehungsgeflecht haben, in dem sie sich zurzeit bewegen.

Bei Ihnen piept's wohl

Nun könnte man, so mögen Sie vielleicht denken, eigentlich nichts Verwerfliches darin sehen, wenn Ihnen das zur Aufbewahrung von verderblichen Waren bestimmte Haushaltsgerät nach, sagen wir, 30 Sekunden, mit einem Mark und Bein durchdringenden zweisekündlich wiederholten penetranten Piepton signalisiert, dass Sie – wegen der geöffneten Kühlschranktür – drauf und dran sind, nicht nur die Frische Ihrer Lebensmittel aufs Spiel zu setzen, sondern auch die Bilanz Ihres Stromlieferanten über Gebühr aufzuhübschen. Trotzdem, nach einem stressigen, unter Zeitdruck erfolgten Einkauf von Lebensmitteln in den eigenen vier Wänden von einem auf eine vorlaute, besserwisserische Attitüde programmierten Kühlschrank zur Eile angetrieben zu werden, ist nicht jedermanns Sache.

Stark an eine erzieherische Maßnahme gegenüber einem lebensuntüchtigen Konsumtrottel erinnert es allerdings schon, wenn die in einem Auto verbauten technischen Innovationen mit konkreten Verhaltensanweisungen auf das Fahrverhalten des von den Ingenieuren und Marketing-Experten der Autobauer im Grunde als unfähig eingeschätzten Fahrzeuglenkers

---

138 Siehe Greck, Rein rechtlich ist das alles kein Problem, 2015, Seite 246 ff. zur so genannten Worterkennungsfunktion von Tablet-PCs.

139 Siehe oben Seite 13, 17.

140 Die vibrierende Hightech-Gabel gegen das Schlingen beim Essen, die Hapifork, ist schon erfunden, siehe www.hapi.com.

einwirken, und zwar drastischer als es sich das eine Straßenverkehrsbehörde je trauen würde: Ansteigend lauter Piepton, wenn der Sicherheitsgurt nicht benutzt wird, Rückmeldung mit Piepton vom Navigationssystem bei Geschwindigkeitsüberschreitungen oder unterschrittenem Abstand zum vorausfahrenden Fahrzeug, Hinweis des Assistenzsystems, doch gefälligst eine kurze Pause einzulegen, denn schließlich signalisiere der Müdigkeitssensor, dass ein Sekundenschlaf unmittelbar bevorstehe.

Private-Public-Piep-Partnerschaft

Angesichts der detaillierten Vorstellungen der Autobauer davon, wie ein Fahrzeug zu führen ist, wundert es fast ein wenig, dass „Verstöße" gegen die mit Hilfe von nervigen Pieptönen erzwungene Befolgung der von industrieller Seite postulierten Verhaltenspflichten nicht – etwa über eine Private-Public-Piep-Partnership zwischen den Herstellern und den Straßenverkehrsbehörden[141] – mit den üblichen straßenverkehrsbehördlichen Sanktionen geahndet werden. Das wäre juristisch und technisch durchaus möglich, denn dazu müsste man nur den Verwarnungs- und Bußgeldkatalog erweitern und den elektronischen Speicher der Assistenzsysteme in für die Verfolgung von Straßenverkehrsverstößen nicht verjährter Zeit regelmäßig auslesen.

Die Beispiele für mit Pieptönen untermalte, von der Industrie vorformulierte moralische Imperative zur Erzwingung eines – von welcher Instanz auch immer – definierten Verhaltens lassen sich beliebig vermehren: Waschmaschine, Spülmaschine, Herdplatte, Duschköpfe, Smartphones …

Erziehung zum Guten …

Diese Erziehung zum Guten, verniedlichend „Nudging", also stupsen, genannt, ist eine Technik aus dem wirtschaftswissen-

141 Bei Rotlicht- und Geschwindigkeitsverstößen ist das längst gang und gäbe. Es existieren bereits seit Längerem privatwirtschaftliche Unternehmen, z. B. Jenoptik (600 Blitzer allein in NRW, Stand April 2015), die den Straßenverkehrsbehörden geeignete Stellen für die Positionierung von (lasergestützten) Blitzern empfehlen, den Aufbau und die Wartung übernehmen und selbstverständlich alle für ein Verwarnungs- oder Bußgeld erforderlichen Daten importfähig für den Postversand des behördlichen Bescheids – gegen eine „Umsatzbeteiligung" – zuliefern.

schaftlichen Bereich, die auf eine Verhaltensänderung ohne Gebote, Verbote oder Veränderungen in den ökonomischen Anreizen ausgerichtet ist. Sie wird aber nicht nur von Industrieunternehmen, von der Politik, die uns zu vorsorgenden, gesund lebenden Staatsbürgern erziehen will, sondern auch im privaten Bereich, etwa von Müttern, Kindergärtnerinnen oder Grundschullehrerinnen erfolgreich angewandt, meist eingeleitet mit dem inbrünstigen Hinweis „Ich meine es doch nur gut mit dir!“[142]

Risikoforscher weisen längst warnend darauf hin, dass die Nudging-Technik von dem negativen Menschenbild eines an pathologischer Inkompetenz leidenden (Konsum-)Trottels ausgeht, der durch akustische Erzieher zum Handeln angehalten werden muss. Was dabei auf der Strecke bleibt ist die zum Menschsein gehörende Schulung einer Risikowahrnehmung im Alltag, des Lerneffekts aufgrund eigener (auch negativer) Erfahrungen, die durch die Risikovorsorge der piepsenden elektronischen Betreuer systematisch verhindert wird.

… in der Kindererziehung

Dieser vorsorgende Optimierungswahn ist übrigens auch im Bereich der Kindererziehung zu beobachten. „Helikopter-Eltern“, die insoweit mit besonders sensiblen Sensoren ausgestattet sind, sorgen, elektronischen Assistenzsystemen vergleichbar, mit einer minutiös durchgetakteten Kindheit ihrer Sprösslinge dafür, dass ein schulisches Scheitern nahezu unmöglich wird: Beschallung der Wiege mit Säuglingsenglisch, privater Vorschulunterricht, Nachhilfekurse auf dem Gymnasium bei einer zwei minus in Mathematik. Bei Normabweichungen piept's (in den Köpfen). Um sich von dem durch die Eltern verursachten Schul- und Freizeitstress frei zu machen, empfiehlt der Spa-Manager des Hotels „Cavallino Bianco“ in St. Ullrich, Südtirol, übrigens eine „Wellness-Woche für Kids“, Duftbäder und Entspannungsmassagen für die ganze Familie inklusive.

Scheiß-drauf-Prinzip

Was aber macht derjenige, dem die ewige Bevormundung einfach zu viel wird, der sich auf der Suche nach seinem kleinen

142 Siehe Greck, Rein rechtlich ist das alles kein Problem, 2015, Seite 78 ff. („Frauennetzwerke“).

persönlichen Glück nicht von dem mit religiösem Eifer vorgetragenen Ratschlägen der indoktrinären piepsenden Besserwisser von seinem bewusst kurvenreich gewählten Weg durch das Leben abbringen lassen will?

Nun, es gibt da seit einiger Zeit spezielle Ratgeber, geschrieben von Autoren, die dazu aufrufen, sich den aufgedrängten Verhaltensanweisungen für ein genormtes, den Konventionen entsprechendes besseres Leben zu verweigern. Als den Spiritus Rector dieser Bewegung kann man sicherlich den griechischen Philosophen und Urvater des Punk Diogenes von Sinope nennen. Die neueren Vertreter dieser Lebensphilosophie heißen John Parkin, Sarah Knight oder Tommy Jaud, dessen Buch „Einen Scheiß muss ich“ erste zarte Hinweise auf die Titelfindung der US-amerikanischen Bestseller liefert, die da lauten „The Life-Changing Magic of not Giving a F*ck“ oder „Fuck Feelings“. Diesen Büchern ist der Ansatz gemeinsam, dass sie ein Grundsatzprogramm gegen das schlechte Gewissen wegen einer unangepassten Lebensführung mit der Botschaft „Entspannt euch doch einfach mal“ formulieren.

Fluchen nach Dr. Stephens

Wenn Sie Ihr Auto also demnächst wieder einmal ungefragt anpiepst, Sie auffordert, dieses oder jenes zu tun bzw. zu unterlassen, denken Sie bitte daran, dass es bei den meisten Fahrzeugmodellen die Möglichkeit gibt, den nervigen Besserwisser per Knopfdruck abzuschalten und das Leben wieder selbstbestimmt zu führen.

Wem das zu waghalsig ist, der befolgt vielleicht die Empfehlung des britischen Psychologen Richard Stephens von der Keele University in Mittelengland, der herausgefunden hat, das Fluchen – jedenfalls bei einem Einsatz in homöopathischen Dosen – ein wirksames Schmerzmittel ist, was seine Frau ihm nahebrachte, als sie in den Wehen lag. Am besten, Sie versuchen es jetzt gleich einmal, wenn Sie in der Bedienungsanleitung Ihres Autos auf der Suche nach einer Abschaltfunktion nicht fündig geworden sind. Bitte sprechen Sie dreimal laut folgenden kurzen Satz: „Fuck it!“ *Lauter*. Sie können das!

Moderne Leser – E-Book-Schizos

Kurzfassung für den eiligen Leser
Wahrnehmungsdefizite gegenüber äußeren Einflüssen sind ein weit verbreitetes Phänomen, mit dem wir zu leben gelernt haben. Problematisch werden sie allerdings dann, wenn sie kombiniert mit quasi-spirituellen Erweckungserlebnissen einhergehen, wie sie etwa durch die extreme Reduzierung der Komplexität eines literarischen Werkes bei der Benutzung der auf Teaser[143] ausgerichteten Recherchefunktion von E-Books entstehen. Dann droht paranoide Schizophrenie, liebe Freunde des elektronischen Buches.

Gedruckte Bücher sind irgendwie … zeitaufwändig zu lesen und setzen beim Leser ein hohes Maß an Geduld und Vertrauen in den Autor voraus, er werde ihm – jedenfalls im Verlauf der Lektüre – eine Geschichte erzählen, die unterhaltsam, informativ, spannend, berührend oder sonst was ist. Hierzu weiß der erfahrene Leser, dass die unterhaltsamen, informativen, spannenden oder berührenden Textpassagen[144] durchaus in einer Buchstabenwüste versteckt sein können, meistens sogar sind, die das eigentlich Gesuchte verbirgt – ein dauerndes Ärgernis jedenfalls für den ergebnisorientiert Buchinhalte konsumierenden Käufer eines Print-Titels.

Der moderne Leser will …
Das Problem zu lösen, stellt Verlage, die im Kern auch heute noch die von Gutenberg eingeführte Technik des Buchdrucks pflegen, vor eine fast unlösbare Aufgabe, nämlich die vom Autor gewählte Reihenfolge der Wörter – an den speziellen Interessen des Lesers orientiert – so aufzubereiten, dass er gleich zu dem von ihm angezielten Wesentlichen vorstößt, das den Impuls für seine Kaufentscheidung ausgelöst hat. Die Verlagsbranche behilft sich in diesem Dilemma, einerseits dem Leser zu gefallen, andererseits den Autor nicht durch

143 Anrisstext, der den Leser zum Weiterlesen in einem ausführlichen Text verleiten soll.

144 Nur sehr selten, wie z. B. bei dem Buch, das Sie gerade lesen, verbinden sich die genannten Elemente zu einem harmonischen Ganzen, das stets Ihre Interessen im Blick hat.

eine, nennen wir es mal: „leserorientierte Aufbereitung“ des Textes zu verlieren, mit – meist erst durch das Lektorat eingefügten – Inhalts- und Stichwortverzeichnissen bzw. an dieser Struktur ausgerichteten Haupt- und Zwischenüberschriften.

… und bekommt

Meist jedenfalls. Ausnahmen wie „Happy End“ von Joachim Lottmann, 352 Seiten ohne eine einzige Überschrift und folglich auch ohne Inhaltsverzeichnis, zwingen den so bewusst in Desorientierung und Wahnsinn getriebenen Leser dazu, alles von vorn bis hinten zu lesen, was übrigens in diesem Fall ein großes Vergnügen ist.

Dem Verlag von Lottmann muss die Angelegenheit – mit Blick auf den modernen, erfolgsorientiert lesenden Kunden, der sich nur zu gern auf Stellenlektüre fokussieren würde – aber nicht ganz geheuer gewesen sein, denn er bot bis zur neuen verlagsfeindlichen, hoffentlich bald korrigierten Umsatzsteuer-Regelung für Bundle-Angebote einen für Käufer des Buches kostenlosen Download der elektronischen Fassung an, was zwar im Fachbuchbereich inzwischen von zahlreichen Verlagen so praktiziert wird, für Belletristik aber noch ziemlich ungewöhnlich ist.

Gezielte Stellenlektüre im „Lottmann“

Gezielte Stellenlektüre mit einer elektronischen Buchvariante zu betreiben, den eigenen Interessen und Werten nicht entsprechende Textstellen über die Recherchefunktion des elektronischen Mediums einfach auszublenden, ist nur mit der E-Book-Version des Buchtitels möglich. Hierdurch ergeben sich für den Leser vollkommen neue Möglichkeiten das Buch seinen – vielleicht sehr speziellen – Vorlieben anzupassen, sich nach individueller Sicht auf die Dinge „sein“ Buch selbst zu gestalten, quasi auf den Leib zu schneidern, was marketingtechnisch „Customizing“ genannt wird und in manchen Konsumgüterbereichen schon recht verbreitet ist.

Nun, ich habe einmal die elektronische Version des „Lottmann“ – ausgerichtet an den sinngebenden Werten, die nach der Einschätzung von Marketing-Experten das Leben des durchschnittlichen Buchkäufers bestimmen – „gelesen“ und folgende unter dem Gesichtspunkt der Ergebnisorientierung und Komplexitätsreduzierung wesentliche Textstellen gefunden, von denen ich hier eine kleine Auswahl vorstelle.

Rechercheliste – Auszug

Sex

- „Im Netz gibt es ohnehin keine **sex**uelle Identität mehr" (Seite 195).
- „... bei der Hamburger Sittenpolizei angezeigt – so etwas gab es seinerzeit noch – weil ich mit dem Mädchen den **Sex**ualverkehr ausführte – besser: sie mit mir – und sie davon abhielt, zur Schule zu gehen" (Seite 620).
- „Am Ende wird das Reden über **Sex** zum **sex**uellen Erlebnis selbst" (Seite 727).

Frau

- „So war Deutschland, das Land der starken **Frau**en" (Seite 83).
- „Lauter Stellen mit Körperflüssigkeiten, ein typisches **Frau**enbuch" (Seite 106).
- „Diese **Frau** schreibt so oft über übelriechenden Schweiß und Nässe unter den Achselhöhlen, dass man irgendwann selbst zu schwitzen beginnt (Seite 139).

Drogen

- „Elias lächelte diffus, die **Drogen** und der reichlich eingeflößte Alkohol hatten seine Seele infantil und seinen Körper alt gemacht" (Seite 62).
- „Er trinkt keinen Alkohol und nimmt keine **Drogen**, trotzdem lebt er teilweise in Berlin" (Seite 636).
- „... im allgemeinen Sog des ewigen Ausgehens, **Drogen**nehmens ..., und diesmal könnte ich sogar selbst mit den Bach runtergehen ..." (Seite 729).

Internet, Handy, Laptop

- „Wir leben inzwischen nicht mehr in der Ära des Medienfaschismus, sondern in der des **Internet**s" (Seite 188).
- „Leute, die **Handy**gespräche führen, schämen sich dafür und reden gepresst in das umklammerte Kleingerät hinein" (Seite 385).
- „Wieder einmal zeigte sich der menschliche Fortschritt im **Internet**" (Seite 554).

Berlin

- „Auch sie war im letzten Jahr abgestiegen, wie alle in **Berlin**" (Seite 266).
- „... verbringt die Ferienzeit offenbar am liebsten in der Steinwüste, in **Berlin**-Mitte" (Seite 308).
- „Außerdem lebte ich in **Berlin**, die Stadt mit den – direkt nach New York – einsamsten Menschen weltweit (Seite 443).

Na ja, vielleicht brachten die Beispiele nicht immer das von Ihnen erhoffte Ergebnis. Ich wollte auch nur demonstrieren, welche Möglichkeiten theoretisch bestehen, um schnell auf den Punkt zu kommen. Wenn Sie z. B. bei der elektronischen Suche in der „Unterwerfung“ von Houellebecq einen beliebigen Schmuddelbegriff eingeben, werden Sie garantiert nicht enttäuscht werden.

Was ich allerdings nicht verschweigen will

Mit Hilfe der E-Book-Version des Printtitels können Sie sich also problemlos im Schnell-Zugriff eine Spezialausgabe mit persönlichen Teasern basteln und müssen sich nicht, wie der Analogleser, die umständlichen vom Autor eingefügten Umleitungen, Abzweigungen, Hin- und Herleitungen zu den „besten Stellen“ im Text erdulden. Hören Sie also ganz einfach auf die Stimmen in Ihrem Kopf, die Sie mit Hilfe des elektronischen Recherche-Werkzeugs der Big Book Data, Ihrer neuen literarischen Instanz, das wahrnehmen lassen, was für Sie wirklich wichtig ist.

Durch diese Reduzierung der Komplexität auf ausgewählte Begriffe legen Sie in Ihrem Gehirn leicht begehbare Trampelpfade an, die Ihnen nicht nur einen sicheren Weg weisen, sondern es Ihnen auch ermöglichen, plötzlich, wie aus dem Nichts heraus, komplexe Zusammenhänge zu verstehen, die Weltformel eingeschlossen. Spüren Sie die Kraft göttlicher Energie, die Sie bei dem Gedanken an dieses spirituelle Erweckungserlebnis durchströmt, und möchten Sie als ein wahrhaft Erleuchteter diese Erfahrung an Ihre unwissenden Zeitgenossen weitergeben? Nun, dann sind Sie wahrscheinlich paranoid schizophren. Herzlich willkommen in Ihrer schönen neuen E-Book-Welt!

Netzhetze auf Facebook & Co.

Kurzfassung für den eiligen Leser

Gelegenheitsnutzer des Internet mögen den Begriff „Shitstorm“ für die Situationsbeschreibung eines Publikumsauflaufs vor den Stadiontoiletten in der Halbzeitpause eines Heimspiels unseres geliebten BVB 09 halten. Erfahrene Internetnutzer wissen das besser. Shitstorm bezeichnet, mal in aller Kürze gesagt, die der Struktur (a)sozialer Netzwerke immanente „Netzhetze“ einer größeren Gruppe der dort virtuell beheimateten Volltrottel gegen dritte Personen oder Organisationen. Noch ist der von richtigen Menschen ausgelöste Shitstorm die Regel. Zukünftig werden wir uns darauf einrichten müssen, dass verstärkt Roboter, in diesem Zusammenhang kurz (Social) Bots genannt, als Einpeitscher fungieren. Dass Böhmermanns TV-Shitstorm gegen Erdogan von einem holografisch aufgepimpten Bot losgetreten wurde, ist ein unbewiesenes Gerücht.

Den juristischen Begriff „Schmähkritik“ muss man seit Böhmermanns dümmlich-dreisten Verbalschmierereien unterirdisch peinlicher Qualität gegenüber dem türkischen Staatschef Erdogan niemandem mehr erklären. Außer vielleicht den para-intellektuellen Feuilletonisten deutscher Tageszeitungen, die sich als wortakrobatisch geübte Kolumnenschreiber dazu aufgerufen fühlen, den für die öffentlich-rechtliche Sendeanstalt ZDF hochnotpeinlichen Fall, der sich nicht „versendet“ hat, wie man es in der Branche bei groben Fehlleistungen immer hofft, zu einer Causa zu machen, bei der es um die Verteidigung der kulturellen Werte des Abendlandes geht. Und, um dem Ganzen die Krone aufzusetzen, wird dann meist noch mit lehrmeisterlich erhobenem Zeigefinger auf Kurt Tucholsky verwiesen, der schließlich schon 1909[145] auf die Frage „Was darf Satire?“ mit „Alles“ geantwortet habe.

Nun, abgesehen davon, dass es sich bei der Rechtfertigung des unsäglichen TV-Beitrags mit dem Hinweis, dies sei Satire, um eine sogenannte Petitio Principii handelt, einen Zirkelschluss, der das als bewiesen voraussetzt, was des Beweises bedarf[146], dürfte sicherlich allen, die sich in diesem Zusammenhang auf die in Artikel 5 des Grundgesetzes garantierte Kunst- und Meinungsfreiheit berufen, bekannt sein, dass diese

145 Übrigens das Gründungsjahr unseres geliebten BVB.

146 Ich bezweifele stark, dass Anwürfe ad hominem wie ein nach „Döner“ stinkendes „Gelöt“, „Ziegen ficken“ und „Fellatio mit hundert Schafen“ und was der Unsäglichkeiten mehr sind, sich, wie auch die Gesamtschau dieses TV-Beitrags, auch bei wohlwollender juristischer Auslegung noch dem Genre „Satire“ zuordnen lassen.

Rechte nicht unbeschränkt ausgeübt werden dürfen, sondern ihre Grenze in anderen – u. a. auch grundgesetzlich garantierten – Rechten finden, wie etwa dem Persönlichkeitsrechten Dritter, was sich, wenn man denn lesen kann, unschwer schon Artikel 5 Absatz 2 der Vorschrift entnehmen lässt. All das ist schon ärgerlich genug.

Aufgezwungene Solidarität

Was mich aber am meisten ärgert, ist, dass mich diese Herrschaften dazu zwingen, Partei zu ergreifen für einen Undemokraten par excellence, dessen panosmanischen politischen Großmachtgelüste und innenpolitisch angerichteten Ungeheuerlichkeiten mit unserem mitteleuropäisch geprägten Demokratieverständnis unvereinbar sind. Und das alles nur, weil ein gewisser Herr B. ein neues Fernsehformat erfunden hat, nämlich den „TV-Shitstorm“[147], für das er sicherlich eines nicht allzu fernen Tages mit einem Grimme-Preis dekoriert werden wird, wie es anno 2014 schon einmal geschah und auch für 2016, allerdings in Abwesenheit des Preisträgers, passiert ist.

TV-Shitstorm

Ich sehe schon die Begründung der Grimme-Preis-Jury für die Nominierung 2017 in der Kategorie „Innovation“ deutlich vor mir:

„... Mit dem Format „Neo Shitstorm Royale“ hat Botmann dem von den öffentlich-rechtlichen TV-Anstalten konsequent verfolgten Ziel eines Qualitätsfernsehens für die breite Öffentlichkeit ein Format geschenkt, das es in diesem Medienbereich noch nie gab. Bei der Transformation eines genuin für die Social-Media-Plattformen geschaffenen Instruments des Informationsaustausches in einen kategorial unterschiedlichen Kommunikationssektor, dem Fernsehen, ist es ihm gelungen, das wesentliche Element der Internet-Kommunikation über Social-Media-Plattformen, nämlich das Überschreiten der Geschmacksgrenzen mit dem Instrument des Shitstorms in unnachahmlich rigoros konsequenter Art zu konservieren, und zwar am Beispiel des schizophrenen Ver-

147 Zu naturgemachten Wirbelstürmen und deren Namensgebung siehe Greck, Rein rechtlich ist das kein Problem, 2015, Seite 283f.

hältnisses der Mediengesellschaft zu Prominenten, deren Aufstieg, vor allem aber Fall einer TV-adäquaten Inszenierung bedarf, die die Grenzen der in Artikel 5 des Grundgesetzes garantierten Kunstfreiheit voll ausschöpft. Das Magazin „Neo Shitstorm Royale" ist ein medialer Meilenstein, der Fernsehgeschichte geschrieben hat. Man wird die TV-Historie in eine Zeit vor (B.B.) und nach (A.B.) Botmanns genialem Mediencoup einteilen können ..."

Was können wir aus alldem lernen? Nun, zumindest, dass ein Shitstorm kein unangenehm häufig auftretendes Wetterphänomen ist, das wir den durch den CO_2-Abgas-Skandal gebeutelten VW-Vorständlern anhängen können, auch wenn wir dies nur zu gern wegen der üppigen Boni in Krisenzeiten des Unternehmens tun würden.

Handcrafted Shitstorm

Als (echten) Shitstorm – auf der nach oben offenen Shitstorm-Matrix des von der Business Intelligence Group im Jahr 2012 entwickelten Analysemodells – bezeichnet man die lawinenartige, durch Algorithmen – etwa mit dem „Gefällt-mir-Button" gelikte Wort- oder Bildbeiträgen – noch verstärkte Verbreitung von Spötteleien bis hin zur Hetze gegen Dritte (z. B. Einzelpersonen oder Personengruppen, Unternehmen, politische Parteien) über soziale Netzwerke wie Twitter oder Facebook.

Sozialwissenschaftler führen dieses lemmingartige Kommunikationsverhalten auf den für soziale Netzwerke typischen Echokammereffekt zurück, der dadurch ausgelöst wird, dass sich die Nutzer in einem „Freundesnetzwerk", also in einer reinen Zustimmungsumgebung, bewegen, in der sie sich wie in einer Filterblase[148] ihre eigene Welt unter Ausschluss polarisierender Meinungen – konditioniert durch die Erwartungshaltung der „Freunde" – zurechtzimmern.

Sieht man auf diese unter der „Herrschaft des Pöbels"[149] über soziale Netzwerke verbreiteten Empörungswellen und Meinungsmache, so mutet die euphorische, erst einige Jahre

148 Siehe hierzu grundlegend Eli Pariser, The Filter Bubble: What The Internet is Hiding from You, 2011.

149 Siehe Andrew Keen, Das digitale Debakel. Warum das Internet gescheitert ist – und wie wir es retten können, 2015.

zurückliegende Einschätzung der Social-Media-Enthusiasten, das Internet vergrößere die Freiheit des Menschen, wie ein schlechter Scherz an.

Roboter-Shitstorm

Und der nächste Entwicklungsschritt, der in Richtung vollautomatisierter Netzhetze geht, ist schon getan. Die Rede ist von Robotern, so genannten Social Bots, Maschinen, die sich im Auftrag unbekannter Interessengruppen in soziale Netzwerke einklinken und dort wie echte Menschen unter einem eigenem Profil kommunizieren, um durch das Besetzen von Themen Meinungen aus politischen oder wirtschaftlichen Gründen zu manipulieren bzw. Daten über den Nutzer zu sammeln, Klickzahlen für Homepages in die die Höhe zu treiben oder einfach nur Viren oder Trojaner zu platzieren, was fast noch als das geringste Übel erscheint. Experten, so sie denn optimistisch eingestellt sind, schätzen, dass ca. 9 % der Twitter- und ca. 1,5 % der Facebook-Accounts von Bots gehalten werden, Pessimisten gehen von jeweils 20 % aus. Das klingt, so oder so, schon ziemlich bedrohlich, richtig beängstigend ist aber, dass man nicht aus Anhieb weiß, wer die Drahtzieher derartiger Aktionen sind und welche Ziele sie verfolgen.

Die gute Nachricht ist, dass Sie sich dank der Bots keine Likes und Followers für Facebook und Twitter mehr kaufen müssen, um Ihre Einzigartigkeit im Freundeskreis zu beweisen. Investieren Sie die 40 €, die für 1.000 Follower zu zahlen wären, besser in eine im Internet frei erhältliche Software für die Konstruktion eines eigenen Bot, auf den Sie sich immer verlassen können. Wie wichtig das ist, hat der Anfang des Jahres 2014 ausgebrochene Ukraine-Konflikt gezeigt. Die über eine technisch aufwändige Mustererkennung in den Metadaten identifizierten russischen Trollbüros haben hierzu in den sozialen Netzwerken, bei Twitter unter dem Hashtag „Ukraine“, in perfekter Weise zur „Meinungsbildung“ über einen Bot beigetragen.

Böhmermann = Botmann?

Ob man unter diesem Aspekt die verbalen Entgleisungen Böhmermanns neu einordnen und bewerten muss, das weiß ich nicht. Die doch recht kurios anmutende Benennung des Preisträgers mit dem Namen „Botmann“ in der oben teilweise wiedergegebenen Laudatio für den Grimme-Preis 2017 in der Kategorie „Innovation“ könnte darauf hindeuten, dass es nicht der echte Böhmermann war, der hier seinen ganz persönlichen Shitstorm gegen Erdogan vom Stapel laufen ließ, sondern sein holografisch aufbereiteter Bot. Fragt sich nur, wer die Drahtzieher im Hintergrund waren? Die AfD? Zum jetzt verabschiedeten Parteiprogramm würde der Auftritt Botmanns irgendwie schon passen.[150]

150 Siehe Leitantrag der Bundesprogrammkommission und des Bundesvorstandes zur Vorlage zum Bundesparteitag am 30. 4. / 1. 5. 2016, Punkt 7.6.2 des Parteiprogramms: „Religionskritik, auch Kritik am Islam, ist im Rahmen der allgemeinen Gesetze rechtmäßig als Teil des Grundrechts der freien Meinungsäußerung. Religiöse Satire und Karikaturen sind ebenfalls von der Meinungs- und Kunstfreiheit geschützt.“

POLITIK UND KIRCHE

Am Teiletresen „Mittelschicht“ steht das dümmste Sackgesicht

Kurzfassung für den eiligen Leser

Die Belastung der deutschen Mittelschicht durch Steuern und Abgaben zwingt die Mitglieder dieser Gruppe der staatlicherseits für vogelfrei Erklärten dazu, Gegenstrategien zu entwickeln. Mein Rat: Lassen Sie sich auf Hartz IV-Niveau durchsacken oder beschließen Sie, Millionär zu werden, dann können Sie der weiteren Entwicklung gelassen entgegensehen.

Um das Ergebnis an den Anfang zu setzen: Sie sollten es vermeiden, zur deutschen Mittelschicht zu gehören, der, eingeteilt in eine einkommensschwache Mitte (Monatsnettoeinkommen Paarhaushalt mit einem Kind: 1.770 € - 2.360 €), eine Mitte im engeren Sinn (2.361 € - 4.425 €) und eine einkommensstarke Mitte (4.426 € - 7.370 €) ca. 80 % der Deutschen zuzurechnen sind; der Rest verteilt sich auf die „einkommensarme“ (ca. 17 %) und die „einkommensreiche“ Schicht (ca. 3 %),[151] die für das Phänomen „Wurzeln des Alltagswahnsinns“, das ich hier untersuche, keine Rolle spielen.

Als Käufer diese Buches gehören Sie zweifellos zur Mittelschicht, denn die beiden anderen Gruppen würden sich einen solchen Quatsch nicht kaufen, weil sie sich entweder das Buch nicht leisten können oder weil sie nur in Werthaltiges investieren, sonst wären sie nämlich nicht da, wo sie sind und könnten von dem, was ihr Kapital erwirtschaftet, nicht auskömmlich leben. Sie, lieber Leser, sind als waschechte Durchschnitts-Fuzzis hingegen von den folgenden Ausführungen direkt betroffen. Lesen Sie dieses Kapitel also sorgfältig, wenn nötig auch langsam und mehrmals – insbesondere die letzten beiden Abschnitte, in denen ich versuche, Auswege aus der Misere aufzuzeigen.

151 Institut der Deutschen Wirtschaft Köln, 2015.

Abgabenquote
Erwiesenermaßen ist es die Steuer- und Abgabenlast die die Mittelschicht erdrosselt, sie zerstört jede Lebensfreude, die darin besteht, Geld für tatsächlich oder vermeintlich wichtige Dinge auszugeben. Der Bund der Steuerzahler hat errechnet, dass der durchschnittsdeutsche Mittelschichtler im Jahr 2015 erst ab dem 11. 7., um 6.14 Uhr, Geld in die eigene Tasche verdient hat, das er für persönliche Zwecke, wie z. B. Nahrung, Kleidung, Pfeifentabak, schottischen Single Malt, Eintrittskarten für Heimspiele unseres geliebten BVB 09, Urlaubsreisen, in einem Satz: Anschaffung jeglicher Art zur Steigerung des persönlichen Wohlbefindens ausgeben konnte.

Wie man's auch immer rechnet
In der Zeit davor, also vom 1. 1. 2015 bis zum 11. 7., um 6.13.59 Uhr, haben Sie für Steuern, (Kommunal-)Gebühren, Sozialabgaben, Soli, EEG-Umlage und andere staatlich verordnete Grausamkeiten geschuftet. Falls Sie noch keinen plastischen Eindruck von diesem extremen Fall von Beutelschneiderei gewonnen haben, vielleicht, weil Ihnen das Ganze zu surreal erscheint, sag' ich's mal anders: Von jedem Euro, den Sie verdienen, müssen Sie 52 Cent an den Staat abführen oder, noch einmal anders gewendet, die ersten 31,2 Sekunden einer jeden Minute, in der Sie arbeiten, investieren Sie in den Staat. Mehr Nähe zum Gemeinwesen geht fast nicht mehr. Irgendwie macht uns diese staatliche Abzocke doch alle zu Beamten, halbtags zumindest. Dies ist, fällt mir gerade auf, eine spannende Perspektive z. B. für die Ruheständler, die statt einer reichlich bemessenen (Beamten-)Pension ein karges Altersruhegeld von der gesetzlichen Rentenversicherung beziehen. Vielleicht lässt sich daran ja noch drehen.

Steuerzahlergedenktag – ein äußerst beweglicher Feiertag
Und im nächsten Jahr soll der „Steuerzahlergedenktag“ noch weiter nach hinten ins Jahr rücken. Die Beschlüsse zur Klimapolitik, der Tarifabschluss mit dem Kita-Personal etc. etc. – für einen ausgeglichenen Bundeshaushalt wird die Mittelschicht bluten. Diskutiert wird auch längst eine Erhöhung des Soli wegen der – drei Mal dürfen Sie raten – Griechenlandpa-

kete. Dies hat jedenfalls Hans-Peter Sinn, Sie wissen schon, der mit der Glatze und dem Käpt'n-Iglo-Bart, in seiner Eigenschaft als Präsident des ifo-Instituts, gefordert, und zwar von 5 % „auf 8 %, besser 8,5 %", um die „Schulden, die der ESM-Rettungsschirm auf deutsche Rechnung macht", abzupuffern. Schließlich würden die Belastungen sonst auf zukünftige Generationen verschoben. Das ist plausibel, bringt aber jeden Mittelschichtler zur Weißglut, der empört konstatiert: „Wieder mal ich!" „Klar, wer sonst", wird Ihnen die Politik antworten. „Das haben wir schon immer so gemacht, das hat sich bestens bewährt."

Kalte Progression oder das kalte Grauen

Richtig – und daran wird sich auch so schnell nichts ändern, weil der politische Wille dazu fehlt. Die letzte spürbare Steuerentlastung hat es 2005 unter Altkanzler Gerhard Schröder gegeben. Seitdem greift die kalte Progression unbarmherzig bei jeder Gehaltserhöhung zu, seit 2005 haben sich auf diesem Weg 10 Milliarden Euro aufgetürmt. Die jetzt vom Schäuble-Ministerium in Festtagsreden proklamierten Steuererleichterungen sind – durch die Brille eines Mittelschichtlers betrachtet – ein Witz, obwohl sich das beim ersten Blick nicht gleich erschließt, denn 23 Milliarden sind kein Pappenstiel, haben fast griechische Dimensionen.[152] Man darf dabei aber nicht übersehen, dass der Bundesfinanzminister seine überquellende Geldschatulle nur unter höchstrichterlichem Druck geöffnet hat. Ca. 17 Milliarden hat das Bundesverfassungsgericht erzwungen; Stichworte sind hierzu Sicherung des Existenzminimums, höhere Grund- und Kinderfreibeträge, die wiederum eine Erhöhung des Kindergelds nach sich ziehen.

Für den Abbau der durch die kalte Progression geschaffenen Ungerechtigkeiten bleiben unter dem Strich magere 6 bis 7 Milliarden Euro übrig. Das deutet nicht auf eine sehr ausgeprägte Bereitschaft der Regierenden hin, die Mittelschicht durch eine ihre Interessen berücksichtigende Steuerpolitik zu entlasten. Rechnet man die vorgelegten Pläne des Bundesfinanzministers einmal konkret durch, so würde etwa ein Mit-

152 Siehe hierzu oben Seite 66 ff.

telschichtler mit 40.000 € Jahreseinkommen, also eine Person der Kategorie Mitte im engeren Sinn[153], durch die Reform steuerlich um 8 € pro Monat entlastet, was jedenfalls in dieser Gruppe der Mittelschicht sicherlich keinen Kaufrausch[154] auslösen wird.

Nichts Neues an der Abgabenfront

Und wie sieht es an der Abgabenfront aus? Nicht besser. Die Sozialabgaben werden steigen, das wissen alle Verantwortlichen, und zwar unglücklicherweise da, wo es so richtig wehtut, nämlich in der Kranken- und Rentenversicherung, eine Erhöhung des Soli, zumindest aber seine Fortschreibung auf unbestimmte Zeit, ist sehr wahrscheinlich, welchen Zwecken er letztendlich auch immer dienen mag.

Doch nicht nur der Bund ist kreativ unterwegs, auch die in ihrer überwiegenden Zahl klammen Gemeinden, von denen vielen wirtschaftlich das Wasser bis zum Hals steht, langen kräftig in die Taschen des Mittelstands. Die teilweise dramatischen Erhöhungen des Hebesatzes für die Grundsteuer B um 80 % und mehr, sind allesamt von den angerufenen Verwaltungsgerichten wegen des weiten kommunalen Hebesatzermessens, das seine Grenze nur in der Eigentumsgarantie des Artikels 14 Grundgesetz findet, für rechtens erklärt worden. Und die ist Pi mal Daumen erst dann verletzt, wenn die Steuer enteignende Wirkung hat, also praktisch nie, denn die Kämmerer der Kommunen würden nie eine Kuh schlachten, die Milch gibt.

Gegenstrategien des Mittelschichtlers

Zunächst einmal fällt auf, und das sollten Sie sich selbstkritisch vorhalten, dass der in dem Wort „Mittelschicht“ enthaltene Wortstamm „Mittel“ einer Wortfamilie mit einem extrem schlechten Karma angehört, zählen zu ihr doch Worte wie „Mittelohrentzündung“, „Mittelfußbruch“ und auch, hier ganz deutlich, „Mittellosigkeit“. Das ist pränatales Grundlagenwissen, an das später, meist in der 3. Klasse der Grundschule, noch einmal kurz erinnert wird. Dieses Grundprinzip hätten Sie erkennen können, als Sie sich bei ihrer Geburt ent-

153 Siehe oben.

154 Zum Konsumrausch siehe oben Seite 18 ff.

schlossen, Spross einer Mittelstandsfamilie zu werden. Und auch später zur Zeit Ihrer Heirat, haben Sie diesen Fehler wiederholt, was im Grunde unverzeihlich ist. Wenn man seinen Partner nicht über PARSHIP bucht oder aus dem Katalog von ElitePartner auswählt bzw. noch besser: gleich gezielt reich heiratet, sollte man über seinen sozialen Status der Mittelschichtzugehörigkeit nicht laut wehklagen.

Das heißt aber nicht, das man nicht an seinem sozialen Status arbeiten kann, um das Stigma der mit der Mittelmäßigkeit verbundenen Steuer- und Abgabenlast loszuwerden.

Hartzen oder Millionärsstatus

Ein probates Mittel ist z. B., sich auf Hartz IV-Niveau durchsacken zu lassen, dann belästigt Sie der Staat nicht mehr. Kevin Müller ist diesen Weg gegangen, über den er in seinem Bestseller „Steuern, da lach' ich doch drüber" eindrucksvoll und mit zahlreichen Praxisbeispielen belegt berichtet.

Oder, ein gänzlich anderer Weg, Sie beschließen einfach, ab sofort Millionär zu werden[155], was hierzulande übrigens immer mehr Menschen machen: Im Jahr 2013 nahm die Zahl der deutschen Millionäre um über 11% zu. Zurzeit scheint der einschlägige Arbeitsmarkt allerdings gesättigt zu sein, 2014 betrug der Zuwachs in Deutschland nur noch 0,9%, weltweit allerdings gab es in dem genannten Jahr allerdings eine Million Millionäre mehr.[156] Unter diesem Gesichtspunkt könnte für Mittelschichtler aktuell eine Auswanderung in Betracht kommen. Wenn Sie europäische Auswanderungsziele ins Auge fassen, wählen Sie bitte nicht Belgien oder Österreich, denn dann kämen Sie, wie das der unvergessene Hanns Dieter Hüsch für einen anderen Sachverhalt formuliert hat, „vom Regen, unter Umgehung der Traufe, direkt in die Jauchegrube".[157]

Wie auch immer Sie sich entscheiden, welche Maßnahmen Sie auch immer ergreifen, fest steht, dass dann, wenn Sie gar

---

155 Über die Bezuschussung der Umschulungskurse „Wie werde ich Millionär?" reden Sie am besten einmal vertraulich mit Ihrer örtlichen Arbeitsagentur.

156 Siehe Süddeutsche Zeitung-online, 17. 6. 2015, „Arme Millionäre" „Eine Million Millionäre", ich bin verwirrt. Sind das dann im Ergebnis eine Billion?

157 Er meinte „Scheiße".

nichts tun und als gemeiner Mittelschichtler einfach so weitermachen wie bisher, für Sie die Feststellung gilt, die schon auf der CD „Neues aus Stenkelfeld“ in dem Einakter „Weihnachtsfeier im Autohaus Oertel“ für große Irritationen in Teilen der Belegschaft sorgte: „Am Teiletresen, Mittelschicht, steht hier das dümmste Sackgesicht.“[158]

Globalisierung mit Kälteschock

Kurzfassung für den eiligen Leser

Ich werde im Folgenden den Beweis führen, dass die von dem insoweit ziemlich blauäugig handelnden US-amerikanischen Ingenieur Willis H. Carrier erfundene Klimaanlage maßgeblich daran mitwirkt, die bekannten negativen Folgen des von neoliberalem Denken getragenen Globalisierungsprozesses auszulösen bzw. zu verstärken. Damit wird es für Sie, tut mir leid, unter moralischen Gesichtspunkten unvertretbar, im nächsten schwül-warmen deutschen Sommer den Kauf einer Klimaanlage auch nur zu erwägen, denn Sie wollen ja sicherlich nicht daran mitwirken, die Kluft zwischen den reichen und armen Ländern dieser Welt weiter zu vertiefen.

Die negativen Auswirkungen der unterschiedlichen Geschwindigkeit und Intensität der Globalisierungsprozesse, also der weltweiten Verflechtung vor allem in den Bereichen Wirtschaft (Kapital- und Warenverkehr, z. B. TTIP, Mobilität der Arbeitnehmer, Transport- und Personenverkehr), Kommunikation (vor allem Internet), Politik (Rechtsverkehr, Organisationen, z. B. UN, IWF und Weltbank, Nichtregierungsorganisationen, z. B. Greenpeace), Umwelt (UNEP, Weltklimakonferenz) und Kultur (Wertvorstellungen, Lebensstile, Musik, Mode, Sprache, Bildung) auf die Lebensbedingungen der Menschen überwiegen nach Ansicht ihrer Kritiker die positiven Effekte dieser Entwicklung, die von ihren Befürwortern irrigerweise in der weltweiten Armutsbekämpfung und gestiegenen Lebenserwartung gesehen werden.

158 Köstlich! Googeln Sie mal mit „Stenkelfeld“ und „am Teiletresen Mittelschicht“.

Die Kluft zwischen arm und reich wächst

Globalisierungskritiker bemängeln vor allem den einseitig neoliberal ausgerichteten Marktfundamentalismus dieser Entwicklung, deren Vertreter zwar für eine globale Marktöffnung und Freihandelszonen plädierten, aber z. B. Menschenrechte, Arbeitnehmerrechte sowie ökologische und vor allem soziale Standards unberücksichtigt ließen, was im Ergebnis zu einem Anstieg der weltweiten Ungleichverteilung der Einkommen führe.

Die hierzu von UNDP, dem Entwicklungsprogramm der UN, vorgelegten Zahlen belegen diese besorgniserregende Entwicklung: Während im Jahr 1960 die unteren 20 % der Weltbevölkerung 2,3 % der Einkommen, die oberen 20 % hingegen 70,2 % erzielten, verschlechterten sich 1989 die Verhältniswerte zu Lasten des armen Teils der Welt auf 1,4 % zu 82,7 % und 1998 schon auf dramatische 1,2 % zu 89 %; im Jahr 2007 schließlich sank der Einkommensanteil der Ärmsten weiter auf 1,0 %[159], was den von den Globalisierungsbefürwortern vorausgesagten Effekt der Armutsbekämpfung, eines ihrer Hauptargumente, krachend widerlegt. Der Globalisierungsprozess führt also vielmehr dazu, dass die Reichen immer reicher und die Armen immer ärmer werden, woran aktuell die EU mit den Freihandelsabkommen CETA und TTIP kräftig mitwirken will.

Als wesentliche Ursachen für die Globalisierung nennen die Experten übrigens neben den politischen Entscheidungen zur Liberalisierung des Welthandels den technischen Fortschritt z. B. durch die digitale Revolution, das in Teilen der Welt ungebremste Bevölkerungswachstum und, was längst nicht allen bewusst ist, die seit dem 19. Jahrhundert einsetzende kostengünstige Abwicklung des Stück- und Schüttguttransports in Containern.

Wirtschaftlich aufwärts mit „künstlichem Klimawandel“

Auf einige Treiber der Globalisierung können Sie nur geringen bis gar keinen Einfluss nehmen, auf andere schon, so z. B. die Entwicklung der Weltbevölkerung und bestimmte Aus-

159 Human Developement Report, 1992 Seite 34; Ortiz/Cummins, Global Inequality: Beyond the Bottom Billion. A Rapid review of Income Distribution in 141 Countries; UNICEF Working Paper.

wüchse der technischen Entwicklung wie etwa die Förderung der Verbreitung von Klimaanlagen durch deren Kauf.

Als Lee Kuan Yew, von 1959 bis 1990 Ministerpräsident des wirtschaftlich boomenden Stadtstaates Singapur, im Jahr 1999 vom Wall Street Journal zu der seiner Ansicht nach wichtigsten Erfindung des Millenniums befragt wurde, nannte er den durch die Erfindung der Klimaanlage geschaffenen künstlichen Klimawandel, der es den in tropischen Regionen gelegenen Staaten wie Singapur ermögliche, sich durch veränderte klimatisierte Produktionsbedingungen den Wertschöpfungsraten der Staaten aus gemäßigten Klimazonen anzunähern.

Inzwischen präsentiert Singapur, das nicht viel größer ist als das Disneyland Ressort in Anaheim im kalifornischen Orange County, mit seinen gerade einmal 5,5 Mio. Einwohnern eine volkswirtschaftliche Gesamtrechnung, deren Wertschöpfung im Jahr 2013 ca. 285 Mrd. $ betrug und damit nicht gar so weit entfernt ist von der gesamten Wertschöpfung der Niederlande (ca. 780 Mrd. $) oder der Schweiz (ca. 660 Mrd. $) und schon vor Griechenland liegt, das in dem genannten Jahr ca. 215 Mrd. $ erwirtschaftete. Damit lag Singapur in der vom IWF im Jahr 2014 erstellten Länderliste des kaufkraftbereinigten Pro-Kopf-Bruttoinlandsprodukts mit ca. 65.000 $ im weltweiten Ranking hinter dem Spitzenreiter Katar (ca. 99.000 $) und Luxemburg (ca. 79.000 $) auf Platz 3 noch vor den USA (ca. 53.000 $), Platz 6, und Deutschland, das mit 40.000 $ auf Platz 15 liegt.

Willis Haviland Carrier

Als ein Profiteur der Globalisierung hat sich Singapur, diese Air-Conditioned Nation[160], längst in die Phalanx der Staaten eingereiht, die ein lebhaftes Interesse an einer mit den Mitteln des Neoliberalismus ungebrochen voranschreitenden weltweiten wirtschaftlichen Verflechtung haben, auch um den Preis einer Vertiefung der Kluft zwischen den reichen und armen Ländern dieser Welt.

All das hatte der Ingenieur Willis Haviland Carrier sicherlich nicht bedacht, als er, gerade einmal 25-jährig, im Jahr 1904 beim US-Patentamt seinen „Apparatus for treating air“,

---

160 Cherian George, Singapore: The Air-Conditioned Nation, 2000.

heute besser bekannt als „Air Conditioner“ bzw. Klimaanlage, anmeldete, der am 2. 1. 1906 unter der Veröffentlichungsnummer „US 808897 A“ als Patent anerkannt wurde. Ihm ging es seinerzeit vielmehr darum, als Angestellter der Buffalo Forge Company, einem Hersteller von Heizlüftern, einen Auftrag abzuarbeiten, den sein Dienstherr von der Druckerei Sackett & Williams, New York, erhalten hatte, deren Produktionsmaschinen im brütend heißen Sommer 1902 wegen der extrem hohen Luftfeuchtigkeit einen Fehldruck nach dem anderen produzierten.

Die Texaner haben es immer schon gewusst

Der weltweite Siegeszug der Erfindung Carriers, die der Ingenieur ab 1915 mit der Gründung der Carrier Engineering Corporation zu Geld machte, die auch heute noch den Markt beherrscht, war nicht aufzuhalten, obwohl es schon frühzeitig warnende Stimmen gab, die zwar nicht auf das Thema der Globalisierung zielten, wohl aber andere negative, mehr inneramerikanisch wirkende Aspekte der Verringerung der Luftfeuchtigkeit durch den „Apparatus“ zum Gegenstand hatten.

Es war der texanische Schriftsteller und Literaturprofessor J. Frank Dobie, der mit Blick auf das gestörte Verhältnis zwischen den Süd- und den Nordstaatlern desillusioniert resümierte: „Air conditioning ruined Texas … It made it possible for Yankees to live here.”[161] Sein Monitum liegt auf derselben Linie wie das des Historikers Raymond Arsenault, der die vernichtende Wirkung des Gebrauchs von Klimaanlage auf die Kultur der Südstaaten der USA mit der Invasion der von General Sherman während des Bürgerkriegs befehligten Armee der Nordstaaten vergleicht: „… General Electric has proved a more devastating invader than General Sherman.“[162]

Verhaltenstipp

Wenn Sie also im nächsten schwül-warmen deutschen Sommer, der mit Sicherheit kommen wird, in der Nacht schweiß-

161 Freie Übersetzung: „Die Klimaanlagen haben Texas ruiniert … Jetzt können hier auch Yankees leben.“

162 Raymond Arsenault, The End of the Long Hot Summer: The Air Conditioner and Southern Culture, The journal of Southern History, Volume 50 (1984) Seite 597 ff.

überströmt auf Ihrer Schlafstatt liegen und nach Kühle lechzen, stürzen Sie nicht gleich am nächsten Morgen los, um ein Klimagerät, eine der schärfsten Waffen der Globalisierung, zu kaufen. Sie wissen jetzt, dass Sie mit dieser unbedachten Handlung u. a. daran mitwirkten, regionale kulturelle Errungenschaften zu zerstören und, was viel schwerer wiegt, das wirtschaftliche Ungleichgewicht zwischen den armen und reichen Nationen dieser Welt fortzuschreiben oder sogar zu verstärken. Wenn Sie bereits eine Klimaanlage besitzen sollten … schämen Sie sich.

Direkte Demokratie – ein Satz mit X

Kurzfassung für den eiligen Leser

Als reinste Ausprägung demokratischer Staatsorganisation gilt die direkte Demokratie, in der alle Abstimmungsberechtigten über die die Gemeinschaft betreffenden Themen, wann immer dies nötig ist, Punkt für Punkt, zivilisiert nach dem Prinzip „ein Mann/eine Frau, eine Stimme", entscheiden. Wir nennen einen solcherart legalisierten Abstimmungsmodus gewöhnlich „Referendum". Nicht alle die Organisation der Gemeinschaft betreffenden Fragen sind allerdings referendumsgeeignet, z. B., wenn sie zu komplex, für das Funktionieren des Staatswesens systemrelevant oder emotional aufgeladen sind und die hohe Wahrscheinlichkeit besteht, dass sie von interessierter Seite mit populistischen Medienkampagnen intensiv begleitet und damit zum Negativen beeinflusst werden. Das stellen die Politiker manchmal allerdings erst dann fest, wenn die Mehrheit des Wahlvolkes nicht wie erwartet abgestimmt hat, was immer mal wieder passiert, wie jetzt in dem Staat, der seit dem 24. 6. 2016 nur noch „Little Britain" genannt wird.

Referenden an der Wahlurne oder per einfacher Akklamation sind von alters her ein beliebtes Werkzeug direkter Demokratie, das gern von Politikern benutzt wird, wenn sie mit Blick auf den nächsten Wahltag und in Kenntnis von Meinungsumfragen zu einer für den Staat bedeutsamen, im Wahlvolk als höchst streitig beurteilten Frage eine Entscheidung finden wollen, ohne dafür selbst in die unmittelbare politische Verantwortung zu kommen.

Schon Pontius Pilatus

Dass Referenden nicht immer zu einer der komplexen Problemlage angemessenen Lösung führen, zeigt schon das Beispiel eines gewissen Herrn Pontius Pilatus, der von 26 bis 36 n. Chr. als Präfekt Roms in Judäa und Samaria dem Drängen des Jüdischen Volkes und seiner religiösen und politischen Autoritäten nachgab und – ohne sich selbst die Hände schmutzig zu machen[163] – das Ergebnis eines Volksbegehrens, die Kreuzigung Jesu, lediglich formal als ausführendes Organ des Volkswillens verkündete und umsetzte.[164] Mit römischem Recht war diese unmittelbare Befragung der Judäer zur Hinrichtung Jesu, sagen wir mal, nicht so ganz vereinbar. Zwar gab es durchaus schon das Instrument des Plebiszits, das die Römer in Verkennung der richtigen Schreibweise „plebis scitum" nannten, als Beschluss des nichtadeligen Volkes, der Plebejer also, bereits seit der Lex Hortensia aus dem Jahr 287 v. Chr., doch entfaltete das Plebiszit nur dann Gesetzeskraft, wenn es von einem Volkstribun im Concilium Plebis, das sich üblicherweise in launiger Stimmung bei feinstem Sonnenschein auf dem Forum Romanum traf, beantragt wurde.

Heute wird das Plebiszit z. B. Referendum genannt, wenn es, anders als typischerweise ein Volksentscheid, nicht an Quoren gebunden ist. Es hat als obligatorisches, fakultatives usw. Referendum die verschiedensten Ausformungen und wird nicht nur auf nationaler, sondern auch auf internationaler und supranationaler Ebene zur Entscheidungsfindung bei verzwackten Problemlagen eingesetzt.

„Mehr Demokratie wagen"

Als Willy Brandt im Jahr 1969 in seiner Regierungserklärung im Bundestag das Motto „Mehr Demokratie wagen" vorstellte, verband er mit diesem Versprechen eine anspruchsvolle, durch das Parlament gesteuerte Reformpolitik, nicht aber die Einführung bzw. Verstärkung von Instrumenten direkter Demokratie, was erstaunlicherweise damals niemanden enttäuscht hat. Erstaunlich deshalb, weil es kaum Ur-

163 Zumindest hat er sich die Hände demonstrativ gewaschen, wie das Matthäusevangelium (27, 24) zu berichten weiß.

164 Johannesevangelium 18, 33-35 und 19, 11.

Demokratischeres geben kann als eine jedenfalls von Zeit zu Zeit mit dem Mittel eines Referendums direkt vom Wähler gesteuerte Demokratie.

Natürlich wissen wir nicht, was Willy Brandt über Referenden dachte, wohl aber kennen wir die Argumente, die gegen eine die Politik bindende Entscheidungen plebiszitärer Natur sprechen, nämlich z. B. die Abhängigkeit und Steuerung des Votums durch Medienkampagnen, die nicht durch den innerparteilichen, parlamentarischen und regierungsamtlichen Filter der in einer repräsentativen Demokratie für die Entscheidungsfindung zuständigen Abgeordneten geschickt werden, Verstärkung einer populistischen und polemischen Debatte bei der Entscheidungsfindung mit der Gefahr der Spaltung eines Volkes in die unversöhnlich verfeindete Lager der Befürworter und Gegner, Gefährdung von Minderheiten, fehlender Sachverstand und emotionale Neutralität der entscheidenden Bürger.

Independence Day für Little Britain

Sieht man sich unter diesen Aspekten das mit 51,9 %[165] der Abstimmungsberechtigten mit dem Kreuz bei „Leave" erfolgte Voting out Großbritanniens vom 24. 6. 2016 an, so spiegeln sich einige der vorstehend abstrakt definierten Vorbehalte gegen Referenden im konkreten Ablauf des Meinungsstreits zwischen EU-Befürwortern und -Gegnern wieder.

Während das Massenblatt „The Sun" am 23. 6. 2016 den Austritt aus der EU forderte und die Wiederbelebung Großbritanniens mit einer hinter der Weltkugel aufgehenden Sonne und dem Aufmacher „Independence Day" in den leuchtendsten Farben malte und der „Daily Express" vom selben Tag auf dem Hintergrund des Union Jack in Anlehnung an das bekannte Armeeposter aus dem 1. Weltkrieg martialisch titelte „Your Country Needs You" mit dem Zusatz „Vote Leave Today", malten die Austrittsgegner das Schreckgespenst eines nach dem Brexit politisch und wirtschaftlich zur Mittelmacht abgestuften „Little Britain" an die Wand. Sicherlich auch mit

165 Mit überzeugenden 100% ihrer Wahlberechtigten für „Leave" stimmte dieser Tage übrigens auch die englische Fußballnationalmannschaft im EM-Achtelfinale gegen den Fußballgiganten Island, ein Land mit mehr Vulkanen als aktiven Fußballspielen, ab.

Blick auf die absehbare Reaktion Schottlands, das, wie die Auszählung der Stimmen gezeigt hat, mit einer deutlichen Mehrheit von 62 % pro EU abgestimmt hat und postwendend durch seine Ministerpräsidentin Nicola Sturgeon die ernsthafte Prüfung einer Neuauflage des gescheiterten Abspaltungsreferendums von London aus dem Jahr 2014 ankündigte.

„Make USA great again“

Das soll als Illustration der zum Brexit vor allem von den EU-Gegnern immer wieder ins Rollen gebrachten populistischen und polemischen Medienkampagnen genügen. Das hierdurch erzeugte politische Klima, das muss man allerdings klar sehen, verhinderte jede der Bedeutung der zu entscheidenden Frage angemessene seriöse Diskussion und hatte nur ein Ziel, nämlich die Auseinandersetzung des Wahlvolks mit unangenehm schwierig bzw. von ihm wegen mangelnden Sachverstands gar nicht zu beurteilenden Sachfragen durch eine leichtverständliche, auch dem größten Dummkopf noch einleuchtende, auf Emotionen zielende Medienkampagne für einen Brexit zu ersetzen.

Diese Strategie war verdammt erfolgreich und erinnert doch irgendwie sehr stark an den Trump-Slogan „Make USA great again“, was Schlimmes befürchten lässt für das Ergebnis der für den 8. 11. 2016 in den USA angesetzten Präsidentschaftswahl. Andererseits, wenn Trump mehrheitsfähig sein sollte, bleibt uns immer noch die Hoffnung, dass er – nach gewonnener Präsidentschaftswahl – wie z. B. einer der Wortführer der Pro-Brexit-Kampagne, Nigel Farage, den USA und der übrigen Welt den Gefallen tut, seinen Platz auf der großen politischen Bühne zu räumen.

Gut gemeint ist nicht gut gemacht

Nun, der Gedanke, Elemente direkter Demokratie in ein grundsätzlich parlamentarisch organisiertes System zu implementieren, ist im Grundsatz ziemlich faszinierend und zeugt von einer gedanklich zutiefst demokratischen Verwurzelung des Gesetzgebers. Er funktioniert aber dann nicht richtig, wenn es um systemrelevante gesetzgeberische Grundsatzentscheidungen geht, die für das nachhaltige Funktionieren des

Staatswesens elementar bedeutsam sind.[166] Got me?![167] Ein glasklarer Fall von opportunistischem politischen Alltagswahnsinn, den der britische Premierminister David Cameron wohl nur deshalb inszenierte, um seine wegen Nigel Farages UKIP (UK Independence Party) wackelnde Wiederwahl als Parteivorsitzender der Conservativ Party auf dem Parteitag im September 2013 in Manchester abzusichern. Politischer Alltagswahnsinn!

Wie dem auch sei, wir, die Noch-EU-Europäer, wünschen Little Britain „all the best"[168] für seinen zukünftigen Weg – innenpolitisch und außenpolitisch. Das gilt sowohl für die 51,9 % der Abtrünnigen, besonders allerdings für die andere Hälfte, die mit „Stay" votierte, wie es weit überwiegend der junge und gut ausgebildete Teil der Bevölkerung getan hat[169], der sich jetzt durch die alten, überwiegend in kleinen Städten und auf dem Lande lebenden Engländer[170] um seine Zukunftschancen gebracht sieht. Unsere besten Wünsche begleiten selbstverständlich auch das verbliebene Rumpf-Europa der 27. Möge es von weiteren X-its in den Niederlanden, Frankreich oder andernorts verschont bleiben.

Ich schließe dieses Kapitel mit dem Fazit eines nicht nur EU-, sondern europaweit geschätzten, etwas dicklichen Franzosen zum Brexit-Thema: „Die spinnen, die Briten!"[171]

Heilige durch kirchliche Bürokratie entnervt

Kurzfassung für den eiligen Leser

Als Papst Franziskus I. in seiner berühmten Weihnachtsansprache im Dezember des Jahres 2014 den zunehmend

166 Es sei denn, der Ausgang des Referendums steht von vornherein fest, wie bei Putins Ukraine-Referendum im Jahr 2014; siehe hierzu Greck, Rein rechtlich ist das alles kein Problem, 2015, Seite 241 f. (Staatsgebiet, Vergrößerung).

167 Haben Sie mich verstanden?!

168 Nur das Beste.

169 Pro EU votierten 73 % der 18-24 Jährigen, 62 % der 25-34 Jährigen und 52 % der 35-44 Jährigen.

170 Mit „Leave" stimmten ab: 56 % der 45-54 Jährigen, 57 % der 55-64 Jährigen und 60 % mit 65 Jahren und älter.

171 Goscinny/Uderzo, Asterix bei den Briten, Seite 20 und dann mehrfach.

bedröppelt dreinblickenden Vertretern der im Clemenssaal des Apostolischen Palastes versammelten vatikanischen Kurie die Leviten las, listete der ihnen vorgehaltene Katalog fünfzehn von ihm diagnostizierte Krankheiten des Leitungs- und Verwaltungsorgans des Heiligen Stuhls auf, angefangen von fehlender Kritikfähigkeit über „spirituellen Alzheimer", „existenzielle Schizophrenie" bis hin zum Streben nach weltlichen Profiten und Prahlerei. Erstaunlicherweise verlor der Papst bei seiner Bürokratieschelte kein Wort über das zutiefst peinlich schematisch konstruierte vierstufige Verwaltungsverfahren zur Selig- oder Heiligsprechung bei der Heiligenkongregation der römischen Kurie. Da er dazu auch 2015 bei demselben Anlass schwieg, gehe ich davon aus, dass er sich diese Institution im Dezember 2016 vorknöpfen wird.

Dieser Beitrag ist nur für katholische Glaubensbrüder und -schwestern von grundsätzlichem Interesse, Angehörige der protestantischen oder anderer Glaubensrichtungen mögen ihn getrost ignorieren oder einfach mal colorandi causa[172] lesen, um bei beim Thema „religiös getriebenen Bürokratiewahnsinns" mitreden zu können.

Eine Sache des Glaubens ...

Selig- oder Heiligsprechungen sind, so könnte man annehmen, eine Sache des Glaubens und enzögen sich damit der Feststellung in einem verwaltungsförmigen Verfahren. Das war in der katholischen Kirche auch lange Zeit so, bis Papst Urban VIII. anno 1634 ein Regelwerk für die kirchliche Verehrung Verstorbener schuf[173], das zuletzt 1983 durch Papst Johannes Paul II überarbeitet wurde.[174] Zur Zeit Urbans VIII. hatte die römische Kurie längst den Überblick über die Zahl der Heiligen verloren; dies und andere Ungereimtheiten rund um die damit

172 Lateinisch „zur Ausschmückung" (des Wissens).

173 Vollständige Kodifizierung und Kommentierung in dem unter Papst Clemens XII. 1735 erschienenen vierbändigen Werk „De servorum Dei beatificatione et beatorum canonisatione", dessen Regeln im Grundsatz auch noch heute gelten.

174 Apostolische Konstitution „Divinus Perfectionis Magister" vom 25.1.1983.

verbundene Reliquienverehrung, wie etwa die Behauptung gleich dreier Kirchen, den Schädel Johannes des Täufers, also eine nach geltendem Kirchenrecht „Reliquie erster Klasse“ in ihrem Besitz zu haben[175], machten eine zur Erhaltung der Glaubwürdigkeit der Kirche schriftlich verfasste Regelung des Anerkennungsverfahrens als Seliger oder Heiliger unabweisbar erforderlich.

Da die vom Vatikan Selig- oder Heiliggesprochenen das Ansehen und den in einem Kirchensprengel mit ihnen erwirtschafteten Umsatz heben, ist es nur allzu verständlich, dass vor allem die Bistümer der katholischen Kirche ein lebhaftes Interesse daran haben, Heiligsprechungsverfahren nach kanonischem Recht auf den Weg zu bringen.

… nicht ganz

Doch das ist so einfach nicht. Das vierstufige Verfahren beginnt mit der Erlaubnis des zuständigen Ortsbischofs der Diözese, durch einen ortsansässigen Postulator eine Untersuchung zu der seit mindestens fünf Jahren verstorbenen Person einzuleiten, die unter dem „Anfangsverdacht der Heiligkeit“ steht.

Erhärtet sich der Verdacht, wird das dort erstellte Dossier über den jetzt „Diener Gottes“ genannten Kandidaten mit allen biografischen Daten und Beweismitteln zur weiteren Prüfung an die Heiligenkongregation am Heiligen Stuhl in Rom geschickt. Sie entscheidet darüber, ob das auch im weiteren streng reglementierte Verfahren durch einen der 450 beim Vatikan akkreditierten kirchlichen oder privaten Postulatoren fortgesetzt werden darf. Zu den vornehmsten Aufgaben der Postulatoren gehört es, nach den Regeln der genannten Divinus Perfectionis Magister mit einer detaillierten Positio, einer umfangreichen Stellungnahme zum wundertätigen Wirken des Kandidaten, jetzt auch angereichert mit mündlichen oder schriftlichen Aussagen von Zeitzeugen, die Werbetrommel zu rühren bzw. nach neuen aussichtsreichen Bewerbern aus dem Bistum Ausschau zu halten.

175 San Silvestro in Capite, Rom, Kathedrale von Amiens und Kirche in Madaba, Jordanien. Zu den (angeblich) im Kölner Dom aufbewahrten Gebeinen der Heiligen drei Könige siehe schon Greck, Rein rechtlich ist das alles kein Problem, 2015 Seite 100 f.

Wird die in der Warteschleife hängende Positio dann eines Tages, was schon mal einige Jahrzehnte dauern kann, von der auch insoweit arbeitsmäßig stark überlasteten Verwaltung der Kurie durchgewunken, steigt der Kandidat zum „Ehrwürdigen Diener Gottes“ auf und der eigentliche Prozess der Selig- oder Heiligsprechung kann beginnen, je nachdem, ob die Person lokal begrenzt in einer Stadt bzw. in einer Region, dann Seligsprechung, oder weltweit, dann Heiligsprechung, verehrt wird.

Ein Wunder muss her

Und nun beginnen die besonderen Schwierigkeiten, denn sowohl für die Selig- als auch Heiligsprechung, die in einem Stufenverhältnis zueinander stehen, Merksatz: keine Heilig- ohne Seligsprechung, muss der „Ehrwürdige Diener Gottes“ nach katholischem Verständnis über seine Fürbitte bei Gott, ein Wunder zu wirken, auf ein durch Gott bewirktes Mirakel erfolgreich hingearbeitet haben.

Dies nachzuweisen, ist äußerst schwierig, eigentlich ummöglich. Die insoweit in Anerkennungsverfahren gern ins Feld geführten Heilungswunder, über die die ärztlichen Gutachter des Vatikans abschließend urteilen, sind zwar meist „unerklärlich“ und oft auch „plötzlich“ eingetreten, scheitern aber häufig am dritten Kriterium der „Vollständigkeit“, denn die bloße Besserung einer Krankheit ist eben keine vollständige Heilung. Die Beweislast liegt hier beim Postulator, der vor der kaum lösbaren Aufgabe steht, ein durch Gott auf Fürbitte des Kandidaten bewirktes Wunder beweisen zu müssen.

Angesichts dieser hohen Hürden wirkt es fast wie ein, Verzeihung, Wunder, dass die Zahl der Selig- und Heiligsprechungen unter den beiden letzten Päpsten, Benedikt dem XVI., 862 Selig-, 45 Heiligsprechungen, und Franziskus I., bisher 570 Selig-, 821 Heiligsprechungen, inflationär zugenommen hat, was sicherlich auch die hohe Zahl der fast 2.000 Verfahren erklärt, die aktuell bei der Heiligenkongregation anhängig sind.

Wirtschaftliche Aspekte

Das Betreiben des Anerkennungsverfahrens ist durchaus auch ein einträgliches Geschäft, und zwar für alle beteiligten Parteien.

Zum einen für den vom Bistum mit der Durchführung des Verfahrens betrauten Postulator, denn für die Erstellung der auf einer umfangreichen Untersuchung aller vorliegenden Fakten gründenden Positio, die er der Heiligenkongregation vorlegt, kann er bis zu 21.000 € verlangen, was auch einige beim Vatikan gut vernetzten Rechtsanwälte dazu veranlasst, diesen Geschäftszweig in ihren Dienstleistungskatalog aufzunehmen. Zum anderen auch für den Vatikan selbst, der über die in einer Gebührenordnung festgelegten Pauschalen für die von seinen Verwaltungsmitarbeitern vorgenommenen Amtshandlungen profitiert, was sich im Laufe des Verfahrens schnell zu einer Summe zwischen 30.000 bis 50.000 € summiert.[176]

Und schließlich ist es auch einträglich für die das Verfahren über den Postulator betreibende Diözese, die zwar zunächst in den Postulator investieren und auch für die Verfahrenskosten beim Vatikan geradestehen muss, bei einem erfolgreich verlaufenden Verfahren aber einen Heiligen ihr eigen nennen darf, dessen Reliquien erster (Körperteile des Verstorbenen), zweiter (Dinge aus dem persönlichen Besitz des Verstorbenen) oder dritter Klasse (Gegenstände, die den Leichnam des Verstorbenen berührt haben) sich verehrungsgeneigten Gläubigen präsentieren lassen, die die Attraktivität der Gotteshäuser vor Ort nicht unerheblich erhöhen und für die jeweilige Stadt, Beispiel Kölner Dom, zu einem bedeutenden Wirtschaftsfaktor werden können.

Von der Wiege bis zur Bahre, Formulare, Formulare!

Wenn Sie nicht schon zur Gruppe der Menschen gehören, die, bedingt durch die Art ihrer Lebensführung, keine höheren kirchlichen Weihen zu erwarten haben, Sie vielmehr die Absicht verfolgen, sich – nach Ihrem Tod – selig- oder heiligsprechen zu lassen, vielleicht, weil es mit dem Bundesverdienstkreuz nicht geklappt hat, kennen Sie nun die Voraussetzungen, die zu erfüllen sind, um das doch stark formalisierte, kostspielige und langwierige Verwaltungsverfahren beim Vatikan erfolgreich zu absolvieren.

176 Zwei Beispiele: Genehmigung zur Verfahrenseröffnung durch die Heiligenkongregation: 150 €, Prunkausfertigung des Dekrets „Ehrwürdiger Diener Gottes“: 1.500 €.

Ich könnte mir durchaus vorstellen, dass Sie, um gar nicht erst ins Visier der Heiligenmacher zu geraten, von dem Vorhaben einer wundertätig fokussierten Lebensführung Abstand nehmen, wenn Sie sich den geschilderten bürokratischen (und finanziellen) Aufwand in Erinnerung rufen, den der Postulator Ihres Bistums hierfür betreiben muss. Zeigen Sie einfach Flagge – vorsichtshalber abgesichert mit einer Verzichtserklärung in Ihrem Testament, kombiniert mit einem entsprechenden Zusatz in der Betreuungsverfügung – und wirken mit an der Reduzierung der Komplexität in einer Welt, die selbst in ihrer religiös-metaphysischen Sphäre durch bürokratischen Wildwuchs geprägt ist.

ZWEIFELSFALL

„Ich will Spaß, ich geb' Gas …"

Kurzfassung für den eiligen Leser
Wenn die Verkindlichung unserer Gesellschaft durch die vor allem digital beförderte Eventkultur nicht – in Anlehnung an Matthäus 18,3 – in Erfüllung der Zielvorstellung eines vom Buch der Bücher vorgegebenen Masterplans geschehen sollte, sieht's ziemlich übel aus. Denn dann ist damit zu rechnen, dass die erste Zeile der dritten Strophe des Gedichts von August Heinrich Hoffmann von Fallersleben, in Fachkreisen „Das Lied der Deutschen" genannt, in absehbar kurzer Zeit „Einigkeit und Recht und Freizeit …" lauten wird.

Früher, „zu meinen Zeiten", pflegte ein inzwischen verstorbener liebenswerter Arbeitskollege zu sagen, war es verblüffend einfach, Gast auf einer Hochzeit zu sein. Man bekam eine Einladung, ging hin, aß, trank, führte mehr oder weniger gute Gespräche, tanzte und fuhr, möglichst nicht mit dem eigenen Auto, weil man hackevoll war, nach Hause zurück.

Hochzeitsgast war gestern
Heute, in Zeiten, in denen alles zu einem Event aufgeblasen wird, sieht das anders aus. Ein weit im Vorfeld der Veranstaltung per Einschreiben mit Rückschein zugestelltes ausdrücklich als „nicht verhandelbar" bezeichnetes Vertragswerk legt in seinem Hauptteil die Teilnahmebedingungen für die Hochzeitsfeier bis hin zum Dresscode fest, der ruinöse Investitionen in einem Konsumsegment auslöst, das jedenfalls Männer selten und dann auch nur widerwillig bedienen.

„Let Me Entertain You"
Bei den zur Gestaltung des Events vor Ort von den Gästen aufzuführenden unterhaltenden Einlagen [„Damit es ein richtig bunter Abend wird."] können Sie als einer der Pausenclowns meist frei aus einer minutiös getakteten „Liste der Gästeevents" Ihre Lieblingsnummer auswählen. Wenn Sie sich den, 20.15 Uhr, „Sprung von der Leiter in einen Zehn-Liter-Wassereimer" nicht zutrauen und Sie auch nicht den,

22.00 Uhr, „Frontmann bei der Polonaise Blankenese mit karierter Jacke, Aktentasche und Gummihuhn“ geben wollen, dann kreuzen Sie einfach „Sonstiges“ an und überraschen Ihre Gastgeber – vielleicht mit einem knackigen Schuhplattler zur Musik des „Hohenschwangauer Watschentanzes“.

Vorvertragliche Obliegenheiten
Hat man sich auf den Kernvertrag eingelassen, sind noch diverse vor- und nachvertraglich wirkende Regeln zu beachten, die meist in einer separaten „Goodwill-Erklärung“ näher beschrieben werden. Vorvertraglich geht es hierbei u. a. um elektronische Grußbotschaften an das Brautpaar [„Bitte nicht mehr als zehn Seiten Text incl. der sechs bis sieben Fotos.“], die dann am Veranstaltungsabend auf einer Großleinwand coram publico in einer Endlosschleife den Gästen vorgeführt werden, die, seit den Mittagsstunden während des vierstündigen Fotoshootings des Brautpaars nur mit Häppchen gefüttert, wegen der unablässig gereichten Cocktails meist schon sturzbetrunken sind und wie ein Rudel ausgehungerter Wölfe auf die Eröffnung des Buffets lauern.

Nachvertragliche Obliegenheiten
Wer glaubt, damit hätten die durch Event-Hochzeiten verursachten schwerwiegenden Eingriffe in das Privatleben der Gäste ein Ende gefunden, verdrängt die nachwirkenden Verpflichtungen, die „ein festes Band der Freundschaft“ zwischen Brautpaar und Gästen „knüpfen“ sollen, in Wirklichkeit aber dazu dienen, den frischgebackenen Eheleuten auf Kosten der versammelten Gästeschar einen sorgenfreien und möglichst lässigen Start in ihre gemeinsame Zukunft zu ermöglichen. Wenn Sie Glück haben, wird Ihr Name in der Zwangs-Tombola nicht gezogen und Ihnen bleibt die Finanzierung eines dreiwöchigen Urlaubs auf den Seychellen erspart und Ihr Name wird auch nicht genannt, wenn es um den „Freundschaftsdienst“ geht, ein Jahr lang kostenlos den Garten des Brautpaars zu pflegen. Richten Sie sich aber in jedem Fall darauf ein, an einem genau bezeichneten Tag eine „Remember-Postkarte“ mit Lobhudeleien zu dem grandiosen Event an Ihre Gastgeber zu schicken, andernfalls saftige Konventionalstrafen fällig werden.

„Freizeitpark Deutschland“

Als Helmut Kohl feststellte, „eine erfolgreiche Industrienation, das heißt eine Nation mit Zukunft, lässt sich nicht als kollektiver Freizeitpark organisieren“, konnte er nicht die aktuellen Zahlen kennen, nach denen der Freizeitsektor – mit stetig steigender Tendenz – aktuell einen Umsatz von fast 150 Mrd. € erwirtschaftet, also das Fünfzehnfache des Umsatzes in der Rüstungsindustrie, was doch zunächst mal eine gute Nachricht ist.

Kindgerechte Events

Damit darf sich der Deutsche nicht nur Fußball- und Reise-, sondern auch Freizeitweltmeister nennen. Und um einen etwa durch Geburtstagsfeiern eventerprobten Nachwuchs muss uns auch nicht bange sein, denn die Spielregeln lauten hier so:

Erstens, verzichten Sie auf dem Geburtstag Ihres Sprösslings unbedingt auf unschuldige Bespaßungen der Kinderschar mit z. B. Pantomimen-Spielen, Lieder-Raten oder Topfschlagen. So etwas ist total uncool und macht aus ihrem sozial bis dato voll integrierten Sprössling unnötigerweise einen in allen sozialen Netzwerken dauergemobbten Vollhonk. Zweitens, setzen Sie, um starke Reize zu schaffen, die sich in das Gedächtnis der Kinder eingraben, voll auf den Megatrend „digitale Eventkultur“ mit den drei Säulen Imagination, Attraktion und Perfektion. Wenn aus monetären Gründen ein Besuch der Lucasfilm Ltd. in San Francisco ausscheidet, planen Sie einen Ausflug in einen anspruchsvollen Spielsalon, der die neuesten Computerspiele anbietet. Und vergessen Sie nicht, die Kinderschar vorher ausreichend mit Geld oder Bitcoins auszustatten.

Vielleicht haben Sie aber auch Glück, und die vergnügungssüchtigen kleinen Selbstdarsteller geben sich schon mit einem Trip in eine Phantasie-Spielwelt, dem Engagement eines Zauberers oder einer adrenalinhaltigen Kurzvisite im Löwenkäfig des nächstgelegenen Tierparks zufrieden – diesen Standard für Analog-Vergnügungen, die von den Eltern selbstverständlich über Facebook & Co. in ein elektronisches Schaufenster gestellt werden müssen, die dritte Spielregel, sollten Sie allerdings einhalten.

Erwachsenen-Spiele

Sich auf diese infantile Eventkultur einzulassen, sollte Ihnen jedenfalls dann gelingen, wenn Sie bereits ein mit einem akademischen Grad ausgewiesener Dipl.-Leisurist sind oder zur Gruppe der sieben Millionen Erwachsenen über 50 Jahre zählen, die – teilweise täglich – ihre Freizeit und Arbeitszeit mit Videospielen verdaddeln und mit gebloggten, geposteten und getwitterten Infos über ihr total spannendes Leben ihre „Freunde“ in den sozialen Netzwerken beeindrucken. Deren Wert wird erst durch ihr zwanghaftes im Hier und Jetzt verhaftetes Mitteilungsbedürfnis zu tagesaktuellen Nichtigkeiten geschaffen, weshalb sich durchaus als seriös zu bezeichnende Experten wie der Internetpionier Jaron Lanier längst dafür aussprechen, den Lieferanten der ins Netz gestellten Rohdaten ein wie auch immer zu bemessendes Entgelt für ihre gewinnträchtige Ware zu zahlen[177], ohne die „Sirenenserver“[178] wie Google etc. nicht funktionierten. Letzteres sei aber nur am Rande erwähnt.

Die modernen digitalen Spielplätze für Erwachsene, die das Event-Denken einer beschleunigten, reizüberfluteten Gesellschaft perfekt abbilden, prägen, wie sollte es anders sein, längst auch deren Rollenverständnis. Statt Weitblick, Reflexion, Pflichtgefühl, Besonnenheit und Selbstlosigkeit will der neue Ab-Dreißiger das, wonach auch seine Kinder verlangen, nämlich infantile Sofortbefriedigung seiner Bedürfnisse ohne Rücksicht auf die daraus entstehenden Konsequenzen.[179] Ja, das sind wirklich tolle Aussichten für die Entwicklung unserer Gesellschaft, in der die Infanten und nicht mehr der König die Standards setzen.

Biblischer Masterplan?

Vielleicht ist diese Entwicklung einer Verkindlichung der Gesellschaft aber auch Ausdruck eines zutiefst christlich geprägten Denkens und folgt dem strategischen Masterplan einer der hierzulande vertretenen beiden großen Religionsge-

177 Jaron Lanier, Wem gehört die Zukunft?, 2014, Seite 317 ff.

178 Zum Begriff „Sirenenserver“ siehe Jaron Lanier, a.a.O., Seite 86 ff.

179 Ein gelegentlich auch schon Pop-musikalisch gewürdigtes Thema, siehe z. B. Eurythmics auf der CD „Peace“: „I want it all. I don't know what it is. But I want it all.“

meinschaften, die ja bekanntlich seit Jahren ein Schäfchen nach dem anderen verlieren und um einen Strategiewechsel ringen. Da gibt es doch bei Matthäus; Kapitel 18, Vers 3, eine Textstelle, die besagt, „… wenn ihr nicht umkehret und werdet wie die Kindlein, so werdet ihr nicht in das Reich der Himmel eingehen …". Sollte das etwa bedeuten, dass die Infantilisierung durch die Eventkultur am Ende …?

Dieser Gedanke kam mir gerade in den Sinn, so hatte ich das bisher noch nicht gesehen. Ich glaube, dass ich meine negative Einstufung unserer Spaßgesellschaft als eine der Wurzeln des Alltagswahnsinns noch einmal im Licht des Matthäus-Evangeliums überdenken sollte.